奇跡は起きたがっている！

Miracles are ready to happen!
42 recipes for your happiness.

あなたの幸せのつくりかた42

時任千佳

目次

第二章

あなたのカギが開く17のメソッド

第三章　人にもお金にも愛される魔法の口ぐせ

第四章

ありのままのあなたで生きる

はじめに

最初にお礼を述べさせていただきます。

デビュー作『いいことしか起きない30のルール』(マガジンハウス刊)を読んでくださった多くの皆さま、本当にありがとうございました。おかげさまで順調に増刷を重ねています。いろんなことを感じた、実行してみたなど、読者の皆さまから様々なメッセージをいただくたびに心から嬉しくなります。

私がデビュー作で伝えたかったこと、それは「**どんなピンチが起きたとしても、あなたの行動一つで必ず幸せな状況へと変化する**」という事実でした。

すべてはプロセスです。

幸せになるための途中経過として、それが起きる。素直にそう思えるようになれば、現実は自分が望む形へと徐々に羽を広げ始めます。

その本で詳細を書きましたが、私はこれまで様々な出来事に遭遇しました。

一〇代から悩まされた喘息《ぜんそく》に続き、二〇歳のときの卵巣嚢腫《のうしゅ》の発症。一週間以内に両卵巣を摘出するところまで追い込まれました。奇跡的に治り、現在は三人の子の母親です。親の借金による貧困生活も経験しましたし、仕事での挫折も経験しました。

そして愛する人と出会い、結婚をすることで幸せになれると思っていましたが、私の心の奥深い場所で空虚感のような黒い穴のようなものは依然として開いたままでした。

「やっと希望を手に入れたのに」

心の中は重く垂れこめた厚い雲に覆われ、私は落胆しました。

それまでの人生を振り返ると理由がわかりました。

私は自分を全く愛していませんでした。

大好きな人と結婚したのに「どうしてこの人は私みたいな女性と結婚したのか」と、いつも自問自答していました。

「時任三郎さんの奥さんですよね、握手していただけませんか？」

あるとき、かけられたこんな言葉に戸惑いました。思わず「私なんかと握手しても、……私は関係ないですから」と返事をしてしまいました。握手を求めてくださっている方に失礼な態度をとったのです。

そのとき、私の膝に座っていた一歳にもならない娘が、その方に向かってスーッと小さな手を伸ばしました。その手をとり喜んでくれたのが、そのときの私にとって唯一の救いでした。

「できればどこかに隠れながら生きていたい」

「いっそ生まれて来なければ良かった」

ネガティブな思いは次々と頭をよぎります。いつしか私は人目を避けて生活するようになっていました。

そんなある日。私は自分の健康を取り戻すために、それまでずっと隠してきた「能力」を表に出すことにしました。心を解放することにしたのです。

夢中でした。

気がつくと、自分を癒やすためにやっていたことが仕事になり、多くの方のカウンセリングをさせていただくようになりました。

その結果、私はようやく自分を愛せるようになったのです。

見えない存在たちが私を応援してくれて、たくさんのメッセージを与えてくれることでずっと握り締めていた寂しさが消えました。

自分を愛せない限り、幸せにはなれないことを、私はカウンセリングを通じて知りました。**自分を愛せない限り、他人を愛することができない**ことも知りました。

今では誰から何を言われようと、私は自分を心から愛しており、かけがえのない自分を守ることで、家族との絆も強くなりました。

そしてこの経験から、前世なども含めた「過去のこと」に意識を向けるのではなく、今をいかに楽しく生きるかに集中することで、よりスピーディに幸せになれるということを実感しました。

デビュー作は多くの方に支持していただきましたが、出版されてしばらく後、もっと簡単に自分を解放する方法はないのかな、と考え始めました。

ちょっとした時間で自分に力を与える方法があれば、人生はもっと楽しいものになるからです。そんな思いから今回の企画が生まれました。

本書を読まれる方に、最初にして欲しいことがあります。

私たちの胸の奥には「秘密の扉」があります。その扉にはカギがかかっており、カギを開けることで、私たちは自分を変えることができます。物心両面で豊かに成功するためのエネルギーを、自分の中で増やすことができるのです。

胸に両手を当ててください。右手、左手、どちらが上でも構いません。そして自分の誕生日を思い浮かべ、そのナンバーを口にしてください。

誕生日が１９７６年10月15日だとしたら「１９７６１０１５」です。１９９０年６月10日なら「１９９０６１０」です。1月、５月、７月など一桁の月は、そのまま一桁です（頭に０をつけて、０１とか０５にはしないこと）。年号や月日の０は、そのまま０としてください。

前作でも誕生日ナンバーを使った瞑想法を書きました。とても好評だったのですが、もっとわかりやすく、続けやすい方法にしてみました。

さらに誕生日ナンバーを口にして、こう宣言してください。

「私は幸せに生きることを決めました」
「自己否定をすべて解放します」
「進化に抵抗する感情をすべて手放します」

暗号みたいに思われるかもしれませんが、自分の中で解決したいことがあるとき、何かで悩んでいるとき、気持ちを落ち着かせたいときなども、誕生日のナンバーとこの言葉を唱えてください。いつでもどこでも、気軽にやれます。

奇跡は起きたがっています。

あなたのすぐそばで、奇跡はいつもソワソワしています。

奇跡は現象だと思っていましたか？

とんでもない、大間違いです。

奇跡には感情もあれば、好き嫌いもあります。奇跡は一種のエネルギーです。「今だ！」と思った瞬間、奇跡はその人のところにやって来て、その人やその人の周囲にいる人を笑顔にさせるような出来事をプレゼントします。

だからいつも、奇跡はソワソワしているのです。

ちなみに小さな奇跡から大きな奇跡まで、サイズも中身も多種多様ですので、いつどんな出来事があなたに起きるのかは、わかりません。しかし奇跡を起こすための「下地《したじ》」をつくることはできます。

ではどんな下地をつくれば、奇跡がやって来るのか?

それをできるだけわかりやすく書きたいと思います。最後まで、どうぞ宜しくお付き合いください。

第一章

幸せは偶然やって来るものじゃない

幸せはその瞬間に生まれるもの

そもそも幸せって、何でしょうか。
あなたにとって幸せとは、どんな状況ですか?
でも、ふと考えたことがあるはずです。**自分にとって幸せって何だろうと。自分は今、本当に幸せなのかと。**

一般的には、幸せは夢が叶う瞬間とも言われます。誰もが夢や願いが叶った瞬間、「私は幸せ者だ」と感じるでしょう。

誕生日に欲しかったものをもらえる
両親から愛されていると感じる
行きたかった学校に合格する

仕事で認められる
大きなプロジェクトが決まる
オーディションに受かる
片思いだった人と両思いになる
愛している人と結婚する
欲しかった子どもを授かる
自宅を購入する

思わず叫ぶ、あるいはガッツポーズをする人もいると思います。でも、人生には思わぬ出来事が生じます。

自分の思っていたような学校ではなかった
子育てが大変で心身ともに疲れ切った
愛する人を失うという不安にかられる
あんなに好きだったのに嫉妬で息苦しい

配偶者の浮気が判明した
仕事が思うようにいかずストレスがたまる
せっかく手に入れたプロジェクトを自分のミスで失った
自宅のローン返済に追われて家庭内がギスギスする

数えれば切りがありませんが、不思議なほど、その幸せな時間を崩すような出来事が起きることもあります。そんな状況で、何を思うか。

あの人と出会わなければ良かった
こんな学校を選ばなければ良かった
今の仕事を選ばなければ良かった
結婚なんてしなければ良かった
浮気をして私を裏切ったあいつが憎い
新築の家を捨ててまでも別れたい
家族を捨てたい

仕事での人間関係を解消したい

この時点で「幸せって何だろう」と考える余裕はありません。目先の出来事に心を奪われ、どうしてこんなことになったのかと、パートナーや身内や同僚を責めることしか頭にないはずです。

幸せは想像の中にはありません。

本当の幸せとは、毎日の生活の中で「生まれるもの」です。ささいなことでも、それがそのときの自分にとって嬉しい、楽しいと感じるなら、それは本当の幸せです。事前もって想像したこと、希望したことが叶うとたしかに嬉しいものですが、事前の期待値は後々のマイナス気分にも変身する、やっかいな存在でもあるのです。

私たちは「時間を生きること」が宿命づけられています。その瞬間の現実を生きているわけです。**だからこそ、その瞬間をどう感じ、どんな行動をとるかで人生を変えることもできます。**

たったそれだけです。

幸せはある日、どこかから偶然やって来るものだと思っていませんか？

そうではありません。色々なことが積み重なり、あなたのもとに「誕生する」のです。幸せはあなたが産みの母であり、あなたがつくるものです。

幸せそうな人を見て「あの人は運が良い」と言っていませんか？　たしかにその人は運が良さそうに見えるかもしれませんが、その運を自身の中から引き出したのは、その人の考え方、そして行動です。皆、幸運を自分の中に持っています。

そのときに何を考え、どう行動するか。すべてはここからです。

幸せのレシピ 1

幸せはある日、あなたのもとに「誕生する」。

幸せはあなたが産みの母であり、
あなたがつくるもの。

あなたはすべての環境を設定できる

生まれた環境も同様です。

私たちはこの世に生まれる際、自分をスタートさせるのに最も適した条件を「選んで」生まれて来ました。選ぶというか、条件を設定して生まれて来ました。どんな家庭環境であれ、私たちは皆、その環境を自ら選んで生まれて来たのです。

だからその環境を自分で変えることもできます。だって条件設定をしたのは、誰あろう自分自身なのですから。

何も生まれたときの条件に限りません。私たちが死ぬそのときまで、誰もが自分の思った通りに生活する環境を変えることができます。

うまくいかない、なかなか環境が変わらないとぼやくのは、その人自身が「変えよう」と思っていないからです。思っていないことは行動にできません。

あなたの人生を変化させることができるのはあなた自身です。あなた以外にあなたの人生を変えることはできません。

私たちは日々、色々と試されます。それらは現実として起きること。生きている時間を天国と感じるのか、地獄と感じるのか、すべてはあなた次第です。

でもやっぱり、天国だなあって感じたいですよね。

そのためにはまず、自分と自分の置かれた状況を「観察する」こと。

まるで魂が体外離脱したかのように、体の斜め上から自分と自分を取り巻く状況を眺めてみるのです。その状況が自分に伝えようとしていることは何なのか。それを感じてみてください。

いつも良い状況とは限りません。

例えば、誰かがあなたに嫌な言葉を吐きました。不快ですが、あなたはその言葉の深い意味を知るチャンスを与えられたのです。言葉を怒りで消すのはたやすいと思いますが、そうではなく、その言葉が本当に伝えたい要素を感じることが大切です。

なぜなら、実はあなた自身がその人に、その言葉を「言わせている」からです。

「お前は間抜けだ」

そんな言葉を聞いたら、きっと頭に来るでしょう。

なぜ頭に来るのか？

あなたが自分に対してそう思っているからです。自分がそう思っていなかったら「何を言っているんだろう、この人は」と笑い飛ばせます。

そうではなく、あなた自身が自信を持てないから、自分の内面で起きていることを目の前に「形」として出現させているのです。誰かに間抜けだと言われたら、あなた自身が「自分は間抜けだ」と思い込んでいるのだと知ってください。

心で思うことは、何らかの形で実現します。ここは要注意。

だからまず、あなた自身が「自分を認めてあげる」ことが大切です。自分の悪口を言わないでください。口に出すのはダメですが、心で思うのもダメ。自分を苦しめるような言葉を発しないこと。

あなたはあなたにとって、一番の親友です。親友には「よくやったね」とか「いつも応援しているよ」など、愛のこもった言葉を使ってください。

言葉は私たちの生活環境を設定するための重要な要素です。あなたが思った瞬間、あなたの環境が変わります。

幸せのレシピ 2

心で思うことは、
何らかの形で実現する。

だからまず、
あなた自身が「自分を認めてあげる」ことが大切。

同じものが引き合い、違うものは反発し合う

一見すると「失敗した」と思われるようなものにこそ、大きな隠し味があることを忘れないでください。

仮に「あーあ、失敗した」と思っている限り、その出来事が楽しいことにつながることはありません。

私が「はじめに」で書いたこと、覚えていますか？

奇跡は起きたがっています。あなたのすぐそばで、ワクワク、ソワソワしながら、あなたの行動をじっと見ています。

あなたがそこで口にする言葉、イメージ、その行動を静かに見ているのです。

波動という言葉をご存じでしょうか？

物理学で使われる言葉ですが、簡単に言えば「波が空間を伝わる現象」です。言葉

や音は波でできています。周波数や振動数なども波動と同じです。そしてこの世のすべての存在は、固有の波動を持っています。携帯、パソコン、インテリア、野菜や果物、建築物、新幹線や飛行機のチケットにさえも波動があります。

もちろん私たち人間も、動物や植物も、皆それぞれ固有の波動を持っています。世の中は波動で動いていると言っても過言ではありません。

そしてこの波動をめぐって言われる大事なことがあります。

「波動は、同じものが引き合い、違うものは反発し合う」

良いか悪いかは別にして、あなたが感じたこと、イメージしたことが実現してしまうのも、あなた自身があなたと同じ波動を「引き寄せた」からです。波動は私たちの奥深い場所から発していますから、勝手に引き寄せたり反発したりします。そしてその奥深い場所に指示を与えているのは、誰あろうあなた自身です。

どんな言葉を使うか、どんなイメージを持つか、どんな行動をするか。

すべての現実はそこで決まります。これが「波動の法則」です。奇跡は美しい波動の結果と言い換えても良いと思います。

あなたは何かあると、いつも人のせいにしていませんか。その出来事は自分が起こしていないのだと思っていませんか。

実はそのすべてが、あなたの中で生まれていることです。

幸せは偶然やって来るものじゃないのと同様に、好ましくない出来事が起きるのも偶然ではありません。あなたの中で「熟成」された結果、ころあいを見て外に出て来ただけなのです。

もしそれが「必要のない種」であるのなら、あなたの中で育てることをいつでもやめられます。代わりにあなた自身に有益な種、例えば「利他」とか「真心」とか「誠実」とか「笑顔」とか、そんな優しい種を育ててください。

幸せのレシピ 3

奇跡は美しい波動の結果。

あなた自身があなたと同じ波動を「引き寄せる」。

何かが起きたら、それは「合図」

私は旅が大好きです。

国内だけでなく、時間をつくっては世界中を旅します。

旅はユニークで刺激的です。自分がどう考え、どんな言葉を使い、どんな行動をとるかで、目の前の状況がどんどん変わります。日々、同じ行動を繰り返していると、自分のいる状況がわかりにくくなるものですが、ちょっとだけ日常を離れることで、自分を客観的に眺めることができます。

旅はまるで新しいゲームです。

それまで知らなかった、触れてこなかった状況に自分を置くことで、様々なヒントをもらえるし、直感を生かせる場所に必ず遭遇します。だから一瞬「悪いことが起きちゃったなあ」と思ってしまうようなことも起きます。

とくに私はそんな状況に遭遇しやすいようです。

例えば予約していたホテルや飛行機が突然キャンセルになる、事前に決めていたスケジュール通りにいかなくなってしまうような、普通なら途方に暮れることがよく起きます。そんな状況を「おっと、何てこったい」と楽しめるか、あるいはホテルや航空会社に怒りをぶつけてイライラするか。

何を選ぶかで、人生の「行き先」が変わります。

最近もインドに行った際、滞在しているホテルに次のホテルの予約を取ってもらったところ、出発前日になって「ダブルブッキングだから他のホテルに変えて欲しい」と言われました。普通は「えーっ！」と落胆し、ホテルの担当者を責めたくなります。「だってあなた予約できたって言ったじゃない」と。

担当者も困っているはずです。お客の要望で予約を入れたのに、先方からダブルブッキングだから無理という連絡を一方的に受け取っているだけですから。

だから私は、それを笑顔で受け入れました。

その話には続きがあります。その担当者は新しく予約してくれたホテル側に、通常より安い値段で一番広い部屋をリクエストしてくれていました。私は驚きました。あまりの部屋の広さと素晴らしい待遇だったからです。

以前、バリ島で起きたことも、たった一つの「ミス」から生まれました。タイのプーケット島のホテルを予約したつもりが、間違って同じ系列のバリ島のホテルを予約してしまったのです。しかも一人でゆっくりするために、私にしては高級なホテルをキャンセルセル不可で四泊も予約しました。

キャンセルのメールを何度送っても返事がありません。でもそのうち、ネットサーフィンしているとバリ島にあるアグン山という神聖な山の写真を見つけて、私はバリ島に惹《ひ》かれ、行くことに決めました。

その結果、どうなったか。

バリ島での日々が私に与えてくれた喜びや幸せは、今ではとんでもなく大切なものになりました。私の人生そのものを変化させてくれたのです。素晴らしい出会いもあり、何度も始めてはやめていたヨガを習慣にしてくれるほど、バリ島は私に大きな変化を与えてくれました。あのときプーケットに戻していたら私の中の変化は起きていませんん。

何かが起きたとき、そこには「理由」があります。

理由は目には見えませんが、背景として間違いなく存在します。だから「強引にしない」こと。流れに逆らわず乗るのです。

これ、とっても大事なことです。私はそれを経験で学びました。

何か予想しなかったことが起きる、それは「合図」です。自分にとって不都合だと思われるような出来事であっても、その流れに従ってみる、その流れに乗ってみる。

人生も旅も似たようなところがあります。

幸せのレシピ 4

何かが起きたとき、そこには「理由」がある。

それは目には見えないが、間違いなく存在する。
だから流れに逆らわない。

細胞に刻まれた意識はいつでも上書きできる

私たちの細胞は日々生まれ変わっています。

医学用語では「ターンオーバー」です。新陳代謝とも言われます。食べたものがその人の肉体をつくりますが、肉体を形成すると同時に食べたもので性格も変わります。肉を食べると荒々しくなり、野菜やフルーツを食べると優しくなります。食べるものが大事だと言われるのは、それが心と体のすべてを形成するからです。

細胞には当然ながら「意識」がすり込まれます。

感情というエネルギーがすり込まれるわけです。前作で私は、米エモリー大学ヤーキス国立霊長類研究センターのチームが科学誌『ネイチャー』で発表した「恐怖の記憶が精子を介して子孫へ継承される」という情報を取り上げましたが、恐怖の感情だけでなく、私たちのあらゆる感情は細胞を通じて継承されます。

しかし後天的な要因で、遺伝情報が上書きされることも科学界では判明しており（エピジェネティクスと呼ばれる研究分野）、これはつまり私たちが「いつでもリセットできる」という事実を証明しています。

「こんな人生を歩んできたからダメだろう」

色々な後悔があるかもしれませんが、ダメではありません。

思い悩んだり、悔《くや》しがったり、腹が立ったりしていると、負のエネルギーが私たちの細胞にすり込まれます。すると心で負の意識が芽生え、性格面でも嫌われがちな側面が出ます。体に不調が出ることもあるでしょう。

でも、私たちはそれを消すことができます。あるいは一生消えないと思っている心の傷でさえ、消すことが可能なのです。

そのために、必要なこと。

それはあなたが今この瞬間、その出来事をどう考えるか。たったそれだけです。考え方によって、あなた自身の細胞に刻まれたエネルギーが急激に変化します。

これが、細胞に意識がすり込まれる（上書きされる）ということです。

言葉によって生活環境を変えることが自由にできるだけでなく、私たちは自分の細胞にすり込まれた意識エネルギーを自由に変えることができます。従って、いつでも心の状態を変えることができ、その結果、いつでも人生を変えることができます。

そろそろあなた自身で、あなたの細胞を育てませんか？

他人からの評価や、誰かから言われたことを気にしている限り、あなた自身であなたの細胞を育てることができません。

動物や植物を世話している人もいると思いますが、それと同じこと。美しい言葉、愛ある言葉、癒やされる言葉によって、動物も植物も、その細胞がプラスのエネルギーをたっぷりと浴びます。もちろん人間もしかりです。

細胞はまた、日々の呼吸や運動によって光のシャワーを浴びます。あなたの前向きな考え、気遣いにあふれた行動、素敵なイメージは、細胞の栄養になります。

「私は自分を幸せにできることを知っています」

深呼吸して、声に出して言ってみてください。あるいは心の中で、何度も繰り返してください。

するとあなたのすぐそばで奇跡が寄り添っていることを、目には見えないけれどいろんな現象を通してハートで感じるはずです。

幸せのレシピ 5

考え方ひとつで、細胞に刻まれたエネルギーが急激に変化する。

あなた自身がいつでも心の状態を変えることができ、人生を変えられる。

人生の主役は自分であることを忘れない

すべての始まりは自分を愛すること。そこから始まります。

でも多くの人が、自分を愛せません。コンプレックス、恨み、悲しみ、苦しみ、憎しみ、羞恥心《しゅうち》、コミュニケーション障害……。そこにはその人なりの理由があります。

単純に言い表すことはできません。

どうすれば、自分を愛することができるのでしょうか?

私からアドバイスするとすれば、次の二つです。

① 他人と比べない

優れていると思うような人があなたの周囲にいたとしても、その人はあなたに刺激を与える存在にすぎません。**あなたが自分とその人を比べてしまうと、せっかくのス**

パイスが効かなくなるのです。

他人と比べる行為はマイナス（引き算）の感情ですが、これはあなたがいつも「誰かの評価を気にして」生きている証拠。あなたは自分を正当に評価できない「くせ」を持っているのです。

あなたは他人が持っていないものを持っているのに、そうじゃない、自分は劣っているのだと自分で勝手に決めつけています。

でも大丈夫。

あなたが持っている、自分を受け入れることができない負の感情は、人間が進化するプロセスで必ず経験する感情です。だから別に落胆することはありませんが、そんなプロセスはできるだけ早く通過・消化することで、自分が本当にやりたいことをたくさん経験することができます。

ちなみにあなたが優れていると思っているその人も、他の誰かを見てコンプレックスを感じています。完璧な人間なんて、この世にはいません。

② 自由に表現する

あなたの能力や魅力はあなただけに与えられたものであり、誰もそれをマネすることはできません。でもあなたが他人と自分を比べている間は、あなたの魅力は萎縮し、あなたの中から出ようとしないでしょう。

ではどうすれば出て来るのか？

それは、誰にも媚《こ》びず、誰のマネもせず、自分が考えていることや思っていることを自由に表現すること。すべてはそこから始まります。

一見、難しいことのように感じますが、意外と簡単です。

「こう思っている」「こうしたい」

どんどん表現してください。

考えを表に出すことは自由です。それに賛同するかどうかも自由です。賛同する人だけがあなたの周囲に残りますから、結果的に心地良い空間ができます。

表現を始めると、あなたの中で「(自分を)プロデュースする力」が動き出します。

あなたが宣言する内容によって、あなたの「広告」ができ上がるのです。

自分の広告に共感する人だけが集まりますから、あなたはありのままで生きることができます。とても楽です。

自分を心から愛すること。

それができれば、誰かを心から愛することができます。もう愛する「ふり」をする必要がなくなります。だからまず、自分の幸せをいちばんに考えてください。あなたが光り輝くことで、多くの人があなたに影響されて美しく輝き始めます。

人生の主役は、あなたです。

くれぐれもその事実を忘れないでください。

幸せのレシピ 6

自分の幸せをいちばんに考える。

あなたが光り輝くことで、
多くの人があなたに影響されて美しく輝き始める。

すべてはあなたのイメージで決まる

私たちの人生は、すべて「イメージ」でできています。

しかし私たちはプラスのイメージではなく、どちらかと言えばマイナスのイメージを持つことが多いようです。それは先ほど触れた、コンプレックスや自己評価の低さに原因があります。

「あの人は私のことを嫌っているのではないだろうか」

「どうして子どもが私を避けるのか」

「いつになったら生活が楽になるのか」

これらはマイナスのエネルギーを帯びたイメージです。そう思っていると、その人はあなたのことを良く思わず、子どもはもっとあなたを避け、生活はいつまでも楽になりません。

あなたが思う通りの現実が登場する。

これが「イメージの法則」です。

毎日を楽しくするためにはイメージを変えると良いわけですが、イメージをするときに一緒に口に出して欲しい言葉があります。

「自分に必要なことしか起きないことを知っています」

すべてはプロセス、つまり途中経過です。

浮かべたイメージ通りに、すぐにことが運ぶケースもあれば、そうでなく時間のかかるケースもあります。そこには「意味」があります。願いが叶うまでにあなた自身が経験すべき「気づき」があるからです。

イメージするのが苦手な人は、口に出して宣言してください。

「自分が幸せになる仕事をやります」

「自分のエネルギーをポジティブなエネルギーに変換します」

「私は常に高度なエネルギーを充電します」

良いイメージをつくり、前向きな宣言をしたにもかかわらず、仕事で失敗した、恋愛でコケてしまった、そんなケースも多々あるでしょう。

しかし、です。

あなたがその状況を失敗だと思い込めば、それは失敗で終わります。私たちの人生に失敗はありません。後悔は鎖《くさり》でつながれた状態です。未来の明るいイメージをやめないでください。すべてはプロセスと言いましたが、それをしっかりと信じてください。

そしてあきらめず、こう宣言してください。

「人生に失敗はありません。すべてを私自身の成長に生かします」

その状況が失敗ではなくプロセスであり、自分にとって学びだと気づくこと。この気づきこそ、あなたが今回の人生で進化するための情報です。

そのためには、心の「クリアリング（清掃）」が大事です。

クリアリングを行うためには、自分が最も落ち着く場所に行くと良いでしょう。どこでも構いませんが、人間が共通して落ち着く場所に大自然があります。山や森や川に行くと心が洗われるのは私たちが自然界の一員だからです。

自然界には目に見えないエネルギーが充満しています。

本来人間は多くのエネルギー、多くの見えない存在と一体化するという事実を、私たちはすっかり忘れています。そして自然界に身を置いていなくても、見えない存在とつながることができるという事実も忘れているのです。

お風呂でくつろいでいるときでもいいし、歩いて移動中でも構いませんが、自分が見えない存在に「守ってもらっている」イメージを持ってください。

私はこれを習慣化しています。

するとイメージの法則が発動され、見えないエネルギーは私を守ります。まるで噴水のようなエネルギー空間を私の周囲につくってくれるのです。それはバリアであり、自然界のエネルギーによる「結界」です。

すべてはイメージ次第なのです。

幸せのレシピ 7

人生に失敗はない。

それはプロセスであり、自分にとって学びだと気づくこと。
それこそがあなたが今回の人生で進化するための情報。

相手の問題を自分の問題にしてはダメ

相手を思うばかりに、まるでその問題が自分のことのように感情移入してしまい、思い悩んでしまう人もいます。

脳が勝手に「自分ごと」と機能した結果です。

世話好きな人に多い傾向ですが、結論から言うと他人にはどうすることもできません。悩みも問題も、すべては「自分の力で立ち上がるために起きている」という事実を知ってください。

そして問題を抱える相手を信じ、問題を自分の中から手放してください。

あなたがやるべきことは、ただそれだけ。

重要なこと、それはあなた自身から「あの人を助けなければならない（助けるべき）」という感情を消すこと。その感情の裏には「周囲から自分がどう見られるか、気になってしかたない」という揺れがあります。でも、それはエゴにすぎません。

決して見捨てるわけではなく、その人を強く信じる。

これが真実の愛です。

同情は、愛ではありません。それを理解してください。

あなたがその相手から、また周囲からどう思われるかという評価の問題ではないのです。あなたの中から誰かの抱える問題を手放すことは、あなた自身を解放すること。

だからこう宣言してください。


「私は他人の抱える問題を、すべて手放します」


それでも、あなたの周囲にはあなたに対して、いかに自分が大変なのかを熱心に語り、同情を引こうとする人がいるでしょう。しかしその人物は、あなたのポジティブな流れを止めようとする人です。

だからその人を、あなたの「思いのフィールド」から外に出してください。

ここで先ほどのイメージの法則です。

その人が濃い霧に包まれ、あなたから少しずつ離れるイメージをしてください。現実面でもあなたからのコミュニケーションを一切断ってください。

そのとき、あなたがどう感じるか。ここも重要です。やっぱり自分の近くにいてほしいのか、それとも自分とは違う世界で生きてほしいのか。

もしあなたがその相手に近くにいてほしいと願うのなら、少しだけ距離を置いた状況をイメージすること。自分と相手との間に、まるで透明なプラスチック製の衝立《ついたて》があるようなイメージです。

縁を切りたいと思うなら、先ほどの離れるイメージを強く持ってください。

幸せのレシピ 8

問題を抱える相手を信じ、その問題を自分の中から手放す。

どんな悩みも問題も、
すべて自分の力で立ち上がるために起きている。

頭が喜ぶ目標、心が喜ぶ目標

私たちは時間に束縛される必要はなく、むしろ時間を使いこなすことで人生の「質」をより良いものへと変えることができます。

そのためには「目標」を持つことが大切です。あなた自身が進化するスピードが速まるからです。大それた目標ではなく、小さな目標で構いません。

目標には二つあります。

それは「頭が喜ぶ目標」と「心が喜ぶ目標」です。

この仕事が成功したら、あの洋服、あの時計を買おう。これは物質的に自分を満たしてくれる目標です。欲しいものがどうやったら手に入るのか、まるでサンタクロースに願うような気持ちになりますから、自然と自分が動かされます。

これが「頭が喜ぶ目標」です。

ちなみに物質的な欲望は、一度手に入れると感動が薄れます。最初に手に入れたときの気持ちとは違う感情になるのですが、ここが注意点です。

では「心が喜ぶ目標」とは何でしょうか。

それは自分の中に深い愛が生まれる目標です。

仕事が軌道に乗れば、仲間と一緒に笑顔で喜び合うことができます。自然とハートが熱くなり「よし、頑張るぞ」という気持ちになるでしょう。あるいはボランティアで何かに参加し、共同作業の面白さや有意性に目覚めることがあるかもしれないし、家族での団らんを楽しむことも大きな喜びです。

二つの目標は、どちらも大切です。

人生に強い影響を与える原動力だからです。

その瞬間、自分が何を望むのかがまず大切であり、それは自分と相談すれば良いのです。価値観は皆、それぞれ違うのですから。

例えば、都心一等地のタワーマンション、郊外の一戸建て、高級車、海外旅行、グルメ、ファッション、お金、高級インテリア。俗物的だと批判される向きも強いと思いますが、それでも欲しいと感じるパワーは人生に必要です。人は目標がある場合とない場合では、人生で発揮するエネルギーが全く違うからです。

なぜ私が物質的な目標を否定しないかと言えば、その感情が時間の中で変化することを知っているからです。

私たちはどちらかと言えば、年齢や経験を重ねるにつれて「頭から心へ」と、喜びの重心が移動します。何を隠そう、かつて私も「頭が喜ぶ目標」を追いかけました。

二〇代の頃、とにかく健康になることだけを願っていましたから、毎日のように「笑顔で体を動かしてスポーツを楽しんでいる自分」を思い描きました。健康になること、それが唯一の目標でした。

その目標が叶うと、次は広い家に住んで高級車に乗り、結婚して家族が増えるという目標へと変わりました。そして現在、私は様々な人とのつながりで生まれる愛、そして優しさを世の中に広げることが自分の目標になりました。物欲は激減しました。

誰でも年齢とともに目標の質が変わります。若いうちは頭が喜ぶことをし、歳を重ねたら心が喜ぶことにシフトします。それで良いのです。

幸せは偶然やって来るものではありません。

普段、私たちがどんな「準備」をしているかによって、やって来るものの質は変わります。どうせなら、より良い質のものがやって来るほうが嬉しいはず。

だったら、今すぐ準備しませんか？

奇跡はあなたのすぐそばで、いつもソワソワしていますよ。

幸せのレシピ 9

目標は人生に強い影響を与える原動力。

自分が何を望むのかがまず大切。
それは自分と相談すれば良い。

第二章

あなたのカギが開く17のメソッド

人生の時間を変える

タイム・イズ・マネー。時は金なり。

この言葉は人生で最も重要なことを教えてくれます。

それは「人生の残り時間は限られている」という事実です。限られた時間の中であなたがどう考えるか、どう行動するか、どう生きるか。

これこそ、あなたの胸の奥に眠る「カギ」を開くヒントです。

有益な人生を送るため、自分には一体何が必要なのか？　人生の残り時間をどう過ごすのが心地良いのか？

まるで自分の未来を設計・プロデュースする作業です。時間の使い道を考える作業は、セルフプロデュースにおいて最も重要な要素だったというわけです。

あなたにとって幸せな未来とは、何でしょうか？　日常を振り返ってください。いつものスケジュールをイメージしてください。そこに「ムダな時間」はありませんか？　あなたにとって、その時間は本当に有意義で必要な時間でしょうか？

再度、自分に質問してください

「これって本当に必要な時間？　その時間、自分は本当に幸せ？」

前章でお話ししましたが、良いも悪いもこの世はすべて波動で構成されます。その時間は自分が本当に必要な波動を受け取れる時間でしょうか？　何らかのストレスを感じているとすれば、あなたはマイナスの波動を受け取っています。心から楽しいと思える時間を過ごせれば、あなたは宇宙からプラスの波動を存分に受け取れます。

そんな「人生の時間を変える」ためのちょっとした方法が、これからご紹介するメソッドです。メソッドは「いつでも、誰でも、すぐにやれること」に絞りました。メソッドを身に付け、あなたの胸の奥に眠る「カギ」を開いてください。

そのとき、奇跡が起きます。

奇跡はすぐそばで待っていることをお忘れなく。

メソッド 1

言葉を変えてみる

私たちの行動を支配するのは感情です。

その感情を構成するのが言葉であり、誰もが知らず知らずのうちに自分の使う言葉によって感情を左右され、その感情によって行動を決定しています。

つまり言葉を支配できれば、自分を上手にコントロールできるわけです。ここで様々な悩みを、ちょっと言い換えてみましょう。

恋人が浮気をしているのではないかと不安だ

……**「出会えたことに感謝し、あの人を心から信頼します」**

恋人もいない私は寂しい人生ではないか

……**「一人だからこそ素敵な相手を見つけるチャンスです」**

子どもがいない私は女性として失格なのか

……**「自分の時間が持てることに感謝し、進化することに集中できます」**

パートナーと価値観が合わない

……**「違う価値観だからこそ、ともに成長できます」**

愛する人と死別したから生きるのが苦しい

……**「その人と出会えたことに感謝、残りの人生を楽しみます」**

両親が干渉して迷惑だ

……**「心配してくれる親に感謝、認め合うことを学びます」**

お金がなくなるのではないかと心配だ

……**「使えるお金があることに感謝、実りあるお金として増やします」**

友だちといても楽しくない、取り残された気分だ

……**「人生そのものを見直すチャンスを自分に与えます」**

悪口を言われてショックだ

……**「自分に必要な人と必要でない人を見分けられたことに感謝」**

無理に言い換える必要はありませんが、いざやってみると、自分が悩んでいることの大半が「何かに気づくチャンス」だとわかります。それに気づいたときこそ、あなたにふさわしい奇跡が起きます。

あなたの悩み、どんなフレーズで言い換えられますか？

幸せのレシピ 10

言葉を支配できれば、自分を上手にコントロールできる。

言葉を変えると、自分が悩んでいることの大半が「何かに気づくチャンス」だとわかる。

メソッド 2

いつもと違う選択をする

私たちはある程度、決まった行動を繰り返します。

決まった行動をとることで自分が安心感を持てるからです。よく「いつものパターン」と言いますが、いつものパターンにはそれまでの経験値が詰まっており、無用なリスクが発生しないから安心できるのです。

服を買いに行くと、いつも同じような色、柄、デザインのものを手に取る人、たくさんいるのではないでしょうか。購買の経験上、安心感があるからです。

でも、いつもと違う色、いつも選ばない柄、いつもなら素通りするデザインの服を手に取る、つまり行動にわざと「異変」を起こすと、私たちの脳は「何だ、何だ」と騒ぎ始めます。

すると全身の細胞が、栄養をたくさん摂《と》ろうと動き始めます。

これが「刺激」です。

普段と違い、細胞がいつもよりたくさんのものを吸収しようとしますから、私たちはさらに必要な情報をゲットしようと、自分の中から無数のアンテナを出します。アンテナは様々な情報をつかむための「手」みたいなものですが、これで引き寄せてつかんだ情報こそ、それまでのあなたが持っていなかった「進化のためのカギ」です。

よく言われる引き寄せの法則は、アンテナを出した結果として何かをつかんだ状態です。いつものパターンは安心感が満載ですが、パターンを壊すことで、あなたも私も進化することができるのです。

好奇心旺盛の方は、かなり若返ります。それは本当に奇跡的なほど。

最近、中高年世代の女性に「美魔女」が増えているのは、好奇心を隠さず堂々と表に出す女性たちが増えたからです。そしてこの奇跡は誰にでも起きます。

ちょっと科学的な話をすると、毎日の生活において何かに興味を持って夢中になることで、脳の神経細胞や、神経細胞同士のつなぎ目であるシナプス、その中にある神経伝達物質（ホルモンなど）の量を増やすことができます。

量が増えることで認知症対策にもなり、考え方や見た目も若くなります。脳は常に刺激を欲しがっているのです。

脳に刺激を与えると、脳はもっと刺激を欲しがります。覚醒された脳はさらに刺激を探し出すのです。すると普段の生活の中で好奇心が旺盛になりますから、自分に対して貪欲になります。「自分が活性化されること」を望むようになるのです。それは自分自身を進化させようとすることにつながります。

逆に閉じた心だと同じパターンのものを選択しがちです。

これが一番、自分にとって落ち着くというイメージを脳がつくり出し、それに浸《ひた》って安心してしまうからです。

そしてひとたび、それがパターン化されると、そこから刺激が生まれることはなく、それ以上の学びも得られません。学びがないので、今以上の進化も期待できません。

だからこそ、いつもと違う選択をしてみることが大事なのです。

服に限らず、食事も同じです。

いつもランチで丼物や揚げ物を選んでいる人は、野菜やお蕎麦《そば》などあっさりとした物を選んでみてください。和食が主の人は、いつもなら入らないイタリアンやフレンチに入ってみてください。

値段もいつもと違い、ちょっとぜいたくだなと思うようなものを選んでみてください。金銭やグレードに関する固定イメージは深刻です。「自分はこの程度のランク」というイメージは、一度根づくとなかなか動きません。低いゾーンでそれが固定され続けると、新しい刺激を生み出すのが難しくなります。それを壊しましょう。

幸せのレシピ 11

行動にわざと「異変」を起こすと、全身の細胞が動き始める。

こうしてつかんだ情報こそ、
それまでのあなたが持っていなかった「進化のためのカギ」。

メソッド 3

自分にストレスを与える

自分がいつの間にか決めた枠《わく》を、外す。

これって難しいようで、意外と簡単です。先ほど述べたように、いつもの行動とちょっと違う行動をとればいいだけですから。

その瞬間、枠なんてなかった頃の自分を思い出します。

海外旅行ばかり行ってきたなら、国内に目を向けましょう。

日本人は総じて、海外に行くことこそグレードの高い旅行だと思い込んでいますが、国内にも素晴らしい場所がたくさんあります。

いつもアクション映画ばかり見ているなら恋愛系やドキュメンタリー系を、恋愛小説が好きなら時代小説を、サスペンス系ドラマが好きなら報道番組を見てください。

最初は違和感がありますが、脳は確実に未知の情報を受け取ります。

普段は行かない芸術系、例えば絵画や写真や陶芸など美術展、お芝居、コンサートなどに行くことも、自分を解放することにつながります。経験値が乏しいから、自分にどんなものが合うのか、どんなもので刺激を受けるのかを知らないだけなのです。知らない状況を経験すると様々な学びが生まれますが、そんな状況にもいつか必ず慣れが訪れます。するとまた違う選択をすることで、別の刺激を生み出すことができます。刺激は無限に存在するので安心してください。

ここでの共通キーワード。

それは「自分にストレスを与える」ということです。

いつもはしないことをするとストレスを生みますが、ストレスをなくしたいのにストレスを与えるって何だか奇妙だと思いませんか?

でもそこには理由があります。

私たちの脳は繊細につくられています。脳が軽やかに動くためには、実はある程度のストレスを与えることが大切なのです。

ここで言うストレスとは脳を活性化するストレスです。脳が喜ぶストレスを与えるということです。

自分が知らない言葉、知らない知識、知らない世界に触れると、ちょっとぞくぞくすることがありませんか？　これは一種の混乱です。自分のパターンにないものが侵入すると脳が軽いパニックを起こしますが、侵入しようとする新しい情報をどうにか拾おうとするので、脳がストレスを感じるのです。

未知の情報に触れるだけじゃありません。

人の話を黙って聞くだけで、脳にストレスを与えることができます。

自分の言葉をストップする時間を持つことになりますから、ストレスが生まれるわけですが、**どんな話の内容にも「発見」があります**。自分とその人は違う人間ですから、視点も意見も違います。

痴話《ちわ》げんかなど内容にうんざりするとしても、この人はそんなふうに考えるのかという発見になるし、逆にその内容に共感できれば癒やしを得ることができます。どっちに転んでも、得られるものがあるのです。

ちなみに適度なストレスは、免疫力を強化する成長ホルモンの促進を加速させるという事実をお忘れなく。

幸せのレシピ 12

脳が軽やかに動くためには、ある程度のストレスが大切。

脳を活性化するストレス、脳が喜ぶストレスを与えること。

メソッド 4

呼吸を意識する

意識的に呼吸をすることは大切です。

ヨガをやっている人は呼吸の大切さが身に染《し》みてわかるでしょう。呼吸こそ、私たちを簡単にリラックスさせてくれるものであると同時に、全身を流れる「気」を良質のものへと変えてくれます。

どんなときも深呼吸をするくせをつけることで、私たちは感情を自在にコントロールすることができます。ネガティブな感情を自然と抑制することができる方法、心を和《やわ》らげる方法こそ、深呼吸です。

ここで私から「呼吸体操」を提案します。

・右の鼻の穴を右手親指で押さえる

・一〇秒かけて左の鼻の穴から息をすべて吐き切る
・吐き切ったら左の鼻の穴から五秒かけて息を吸う
・吸うときに鼻の穴から額に向けて息を吸い込みお腹を膨らませる
・膨らんだら、次は息を口から吐いてお腹をへこませる
・吐くときは、頭のてっぺんからすべてを出し切るイメージ

これを五分程度、行ってください。

右の鼻の穴の押さえが終わったら、今度は左の鼻の穴を左手親指で押さえ、全く同じ要領で五分。合計一〇分間の呼吸体操です。

その次は「呼吸体操・交互編」です。

・左の鼻の穴から一〇秒かけて息を吐き切る（右の鼻の穴を押さえた状態）
・次に左の鼻の穴を押さえ、右の鼻の穴から五秒かけて息を吸い込む
・その逆で行う

実は呼吸体操では、私たちを動かしている自律神経、とくに「緊張をゆるめる機能」を持つ副交感神経を活性化することができます。日頃からちょっとした時間にこの呼吸法を習慣づけることで、心身ともにリラックスします。

ちょっとした時間の使い方で、待ち時間をイライラとして過ごすか、呼吸法で究極の癒やしの時間にするかはあなた次第です。

さらに、お尻と肛門をキュッと締める、背筋を伸ばすことも重要です。**肛門を締めることで、下半身のエネルギーが脳へと上昇する手助けをします。**

背筋を伸ばすと筋肉がストレスを感じます。私たちの背筋や太ももの筋肉にはミトコンドリアが多く含まれていることがわかっています。ミトコンドリアは細胞の中でエネルギーを生み出す器官ですが、筋肉を意識的に使うことでミトコンドリアが増え、結果的に若返ることができるのです。

一日たった三分で結構です。

信号待ちで、エレベーターの中で、電車内で、歯磨きのときに、どこでも結構ですから気がついたときに、背筋を伸ばし、お尻と肛門を締めること。ちなみに肛門をキュッキュッと締めていると便秘の解消にも効きます。

お腹を「へこませる」呼吸法も大事です。

フーッと息を吐き出し、お腹をグーッとへこませます。とくに胃のあたりにある息をすべて出し切るような勢いで全部出します。前かがみで出していくと無理なく出せるでしょう。すべて出し切ったところで少し我慢し、静かに息を吸ってください。

私は毎日、朝と夜に一〇回一セットで合計三セット、行っています。ウエストもサイズダウンできますから、無理なダイエットをするよりも楽だと思います。

体脂肪の低下とともに筋肉がつきますが、いらない感情と同様にいらない食べ物が入らなくなりますので、暴飲暴食がなくなります。

この呼吸法では何よりも体の中心に力が入るのでバランス感覚が向上します。丹田《たんでん》（へそ回り）を意識するようになりますから、歩いていても止まっていても、お腹のあたりに無意識に力が入っていることがわかるでしょう。

私たちは頭に意識を集中しがちです。

これでは身体バランスの正常性が保てません。**頭から胸へ、そしてエネルギーの源である丹田へと、意識を落とすことが重要です。**

幸せのレシピ 13

深呼吸をするくせをつければ、感情を自在にコントロールできる。

ネガティブな感情を自然と抑制でき、心を和らげることができる。

メソッド 5

ご先祖さまに思いを飛ばす

ご先祖さまとの「つながり」を考えることも大切です。

あなた自身を解放することへとつながるからです。

私たちの「思い」は時間を超え、エネルギーとしてあちこちに飛びます。亡くなったご先祖さまのところにも届くし、生きている家族にも届きます。思いというエネルギーは、良くも悪くも、あなたが思った人に影響を与えるわけですが、それは同時にあなた自身にも返って来ます。

作用・反作用という物理法則を思い出してください。力は加えた側に対して、加えた分だけ返ります。思いも力も同じエネルギーです。

誰かを呪うとか恨むことが良くないのは、相手の立場が悪くなるだけではなく、恨みのエネルギーが自分に返ることで、自分の立場も悪くなるからです。

だからご先祖さまに、また家族にも良い思いを飛ばしましょう。

皆さん、それぞれの人間関係があると思います。良い思いなんて飛ばせないよと言う人もいるかもしれません。それでも私は、恨まないで欲しい、悪い思いを飛ばさないで欲しいとお伝えします。

恨みや憎しみから生まれるものには、何一つ輝きがありません。

もしあなたが家族を変えたいと思うのなら、自分を見直すことから始めてください。完璧な人間などこの世にはいません。皆、自分できちんとしている、私は常識人だと思い込んでいるだけで、どこかに落ち度があります。

自分を見直す努力は、周囲に確実に届きます。

人生を振り返り、ご先祖さまの「おかげ」を感じること。彼らのおかげで、自分は今こうして生きているのだと感じること。

大切なのは、その思いです。

あなたの笑顔が増えるほど、ポジティブな影響は「見えないつながり」によってご先祖さまや家族に幸せのエネルギーを運びます。あなたが過去のしがらみから精神的に解放され、自由になればなるほど、ご先祖さまにも家族にも喜びを与えることになるのです。私たちは影響し合って生きていることを忘れないでください。

ちなみに思いを馳《は》せることで、あの世へと帰ったご先祖さまが持っている後悔の念、この世への執着を消すことができます。

あなたのご先祖さまも、私のご先祖さまも皆、人間です。完璧な人なんて、どこにもいません。意外と多くの方が、悶々《もんもん》とした負の思いを持ったまま他界します。

あの世でそれが払拭《ふっしょく》されていれば良いわけですが、残念ながらずっと握り締めたままという人も少なくありません。その意識が子孫へと遺伝し、子孫である私たちの人生にネガティブな影響を及ぼすことが、あるのです。

だからこそ、ご先祖さまに祈りを飛ばしましょう。必ず奇跡が起きます。


「おかげさまで私は大丈夫です、いつも感謝しています」

私たちは皆、影響し合って生きていることをお忘れなく。

幸せのレシピ 14

人生を振り返り、ご先祖さまの「おかげ」を感じる。

それは、あなた自身を解放することへとつながる。

メソッド 6

食事の場を大事にする

食事も私たちの心のカギを開ける大事な要素です。

何を食べるかも大事ですが、それ以上に誰と食べるか、そこでどんな会話を楽しむかということは大変重要です。

食事という場は「エネルギー交換」の場でもあるからです。

素晴らしい料理が目の前に並んでいても、そのときの意識次第でつまらない席に変わります。愚痴をこぼす、誰かの悪口を言う、これはダメです。食事の席以外でもお勧めしませんが、そのときに吐いたネガティブな言葉の持つエネルギーが食べ物へと付着して体に入りますから、自分の中に負のエネルギーを貯蓄することになります。

そうは言っても、気分がイラついているときがあると思いますので、そういうときは無理に会話しようとせず、食事に集中してください。目の前の料理を堪能《たんのう》し、口の中に広がるおいしさを感じてください。

これは「今」に集中することにつながります。

私たちは過去や未来に意識を集中するのではなく、「今この瞬間」に意識を集中するときが最も輝きます。今を楽しむと、私たちは最も良いエネルギーを出し、同時に良いエネルギーを受け取ることができるのです。

つまらない話をあえて口に出すくらいなら、食事に集中すること。その際、食材や料理法についても、自分なりに思いを巡《めぐ》らしてみましょう。

この野菜はどこから来たのか、スープは何を煮込んでいるのか。色に思いを寄せることも重要です。赤、緑、黄、青。色々あります。魚の光り具合、米の表情、何でもないことかもしれませんが、そこに意識を集中すると、余計なおしゃべりでうんざりせずに気持ちが落ち着きます。

気が向いたら、嬉しかった話、驚いた話などしてみましょう。すると料理は正のエネルギーを帯びて生き生きとし、体に活力を与えてくれます。

何か問題を抱える人から相談を持ちかけられるとすれば、食事の席ではなく別の場に席を設けると良いでしょう。とくに夜は気持ちが乱れます。お酒の力で話がオーバーになることもありますので気をつけてください。

さらに、定期的に「空腹感」を持ちましょう。

お腹がグーッと鳴るくらいが良いのです。誰しも食べ過ぎる傾向があります。本当は間食なども良くありません。細胞に「飢餓《きが》感」を与えることは、細胞が活性化することにつながると覚えてください。

その結果、あなたの五感が鋭くなります。

私は一年に一、二回、何も食べずにココナッツジュース、リンゴジュース、ハーブを摂るだけで一週間くらいを過ごします。すると全身の細胞が若返ります。もちろん良いイメージを描きながらやっています。

そのパワーが、体にたまっている悪玉コレステロールを押し出してくれます。無理な絶食はしなくても良いので、一週間に二日くらいを野菜ジュースにするなど食事を軽めにしてみましょう。

ちなみに空腹は若返りに必要なミトコンドリアを増やします。

幸せのレシピ
15

「今この瞬間」に集中するとき、私たちは最も輝く。

今を楽しむと、最も良いエネルギーを出し、同時に良いエネルギーを受け取ることができる。

メソッド 7

自分を責めることをやめる

私のところに相談に来られる方は、様々な悩みを抱えています。

その根源にあるのは「いつまでも自分を責めている」ということ。虐待や暴行を受けても自分のせいだと思い込んでいます。浮気や不倫や堕胎も同じ。多くの女性が罪の意識で苦しんでいます。その結果、心や体の不調、病気という形で自分に試練を与えます。

本書を読んでいるあなたも、誰にも言えないことを経験したかもしれません。

でも、これ以上自分を責めないでください。自分を悲しませないでください。そろそろ自分を自由にしてあげてください。

もう十分、苦しみました。

十分、自分を傷つけましたね。これ以上、自分が傷つく道を選ばないでください。

そうではなく、あなたが「本当になりたい自分」を想像してください。想像すると、現実に創造できます。それをまず知ってください。

たとえ苦しみから逃げ出せないような現状だとしても「必ず自分を自由にしてみせる」と、自分に強く宣言してください。

「私はすべての苦しみを手放し自分を解放します。この世界で輝きます」

若いときに性的な虐待を受け、そのせいで男性を愛せなくなり、ただお金のためだけに男性と付き合うことを繰り返していたアーティストの女性がいました。

四〇歳を目前にして人生を見直したいと私のところに来られたのです。

彼女は当初、虐待を受けた事実を隠していましたが、二度目のセッションで「男性を許せない、男性に対して心を開けない、男性を愛せない」という、もう一人の彼女が私に訴えてきたのが気になると告げると、彼女はすべてを話してくれました。

「元の自分には戻れない、だから人生を破壊することばかり考えていました。何度も自殺を試みたけれど、やっぱり死ねない」

その方を透視させていただき、私は理解しました。宇宙意識がとても高く、地球に来たことを後悔していたのです。彼女が持っている高いエネルギーが低いエネルギーの人と交わって低くなれば、地球でのお役目が早く終わると思い込んでいました。私は彼女が持つトラウマを解放しました。

すると彼女は大粒の涙を流しながら幼い子どものような純粋無垢《むく》な笑顔を見せ、あっという間にキラキラした透明感のある表情へと変わりました。

現在、彼女は自分と同じように苦しんだ人を支援するグループでリーダーとして活躍しています。アーティストとしても、以前よりもグレードの高い作品を作れるようになったと話していました。

自分を責めないということは、家族に対する後悔も手放すということです。

家族を心から愛せなかった自分を許してあげてください。守ってもらえなかった、守ってあげられなかった、そんな苦しみの感情を手放してください。あなたが輝き始めることで、そのパワーは周囲の人にプラスの影響を与えます。

それにその苦しみは、あなただけのせいじゃありません。

あなたの家族も自らの学びという目的で、その状況を選んだのです。苦しみをあなたが一人で抱え込む必要はないのです。すべてのモヤモヤを手放してください。

そして家族の幸せを祈りましょう。心配は無用です。

家族に幸せになって欲しいのなら、まずは自分を許し、悩みを手放し、自分自身が幸せになってください。


「私は彼らを心から愛しています、彼らも心から私を愛してくれています、私は自分を許します」


心から唱え、願ってください。

ちなみに私たちは普段、あまり考えないだけで、知らないうちに誰かを傷つけています。ちょっとした言葉だったり、反応だったり、行動だったり。

この世で生きる以上、誰にでもあることです。「傷つけた経験なんて、ないと思うけど」という人も、自分が知らないだけ。だから次のように宣言してください。

「私は心から謝ります、ごめんなさい。ネガティブなエネルギーを手放します」

逆の立場になると、相手の気持ちがよくわかります。

他人が自分を傷つけた言葉は何度も頭に浮かび、いつまでも覚えているものですが、自分が他人に発した言葉は案外と気にしていません。すぐに忘れており、私たちは思い出すことすらありません。皆、勝手に都合良く生きているのです。

心からの謝罪は、感謝と同じく美しいエネルギーを生み出します。

幸せのレシピ 16

これ以上、自分が傷つく道を選ばない。

「なりたい自分」を想像する。
想像すると、現実に創造できる。

メソッド 8

他人を責めることをやめる

自分を許すと同時に、他人も許してください。

そしてこれがまた、とても難しいことだったりします。

あなたが誰かを許せないままだと、あなた自身の人生も否定し続けることになります。本来歩くはずだった気持ちの良い人生を選ばず、自分から曇り空の続く人生を歩くことになるのです。

あなたの中ではいつも恨みのエネルギーがとぐろを巻きます。ネガティブな思いで満たされていますから、どうでもいいような、ちょっとしたことでも腹を立てることが増えます。すると周囲は次第にあなたから離れます。

「あの人を心から許します。傷ついた経験は、私が幸せになるプロセスでした。私はすべてを受け入れます」

つらいこともあると思いますが、そう宣言してください。

そして悲しみ、苦しみ、過去の記憶がよみがえったとしても、それを止めないでください。思いっきり、泣いてください。叫んでください。悔しい思いが出て来ても、そのすべてを出してください。それをしないとあなたは解放されません。

私は知っています。

誰かを憎んでいる間は、本当の幸せは自分の所にはやって来ないという事実を。私自身も両親との関係で随分と悩みました。口に出さないだけで、身内との関係で悩んでいる方は意外と多いでしょう。

恨みや悲しみのエネルギーが強いと、その人の周囲には負のエネルギーで構成されたバリアができますから、奇跡はそこに入ることができません。外側からボーッと見ているしかないのです。

でも憎んでいた相手を自分が許すと、途端に自分が変わります。

相手を恨むというネガティブな感情に包まれ、オーラがどす黒かった人が、自分を愛するパワーに包まれて急激に輝きを増したケースをたくさん見ました。負のバリアが消え、奇跡が寄ることができたのです。

そりゃあなたはできるだろうけどと、思う方もいるでしょう。自分はみんなと違うのだと思い込んでいる方もいるでしょう。口で言うのはたやすいけれど、実際に相手を許すことは大変な苦しみを伴うし、ほとんどできるわけがないと思う方もいるでしょう。

でも、あなたのこれからを考えると、私はやって欲しいと言わざるを得ません。誰かを恨んだり憎んだりし続ける人生は楽しくないばかりか、気づきも学びもないからです。

自分の人生を奈落の底へと突き落としたその人を、どうか許してください。

それは無理だと思う気持ちを跳ねのけてください。あなたの苦しみが計り知れない苦しみだったとしたら、同じような苦しみを持つ人がいなくなるように、彼らが二度と同じ過ちを繰り返さないように、どうか祈ってください。

最初は祈っても怒りが込み上げるだけでしょう。でも根気強く続けるうちに、祈っている自分が温かい光に包まれることを実感します。

他人を責めている間、あなたの心の扉は開きません。

苦しみや悲しみは、あなたの感情を支配する「あなた自身」でしか終わらせることができないのです。そのために時間が必要なこともあるでしょう。それでも、どうか「心の戦争」を終わらせてください。

幸せのレシピ 17

他人を責めている間、あなたの心の扉は開かない。

苦しみや悲しみは、
あなたの感情を支配する「あなた自身」でしか
終わらせることができない。

メソッド
9

前世にこだわることをやめる

デビュー作で書きましたが、私には少し変わった能力があるので、生まれ変わり、前世（過去世）、輪廻転生、そういう言葉を聞いても変だと思いません。むしろそういう「しくみ」があることに、気づいてしまったという思いはあります。

しかし大半の人は、そういう言葉を耳にして戸惑うでしょう。

なぜなら「実証できない」世界の話だからです。そもそも目には見えないし、誰かがそれを科学的に証明してくれるわけでもありません。

結論としては、信じるも信じないもない、というか信じようと信じまいとその人の自由ですが、それでも「ひょっとしたらあるかも」くらいの感覚を持つと、生きる上での心持ちが変わるかもしれません。

世界観が広がり、小さなことにクヨクヨしなくなるからです。

守護霊っているのかもしれない、地球人以外の知的高等生命体が宇宙にいるかもしれない。そんな「ちょっと弾けた思い」を持つのは悪いことではありません。だって誰にも迷惑をかけていませんから。

ただし前世にこだわるのは、そろそろやめましょう。

呼び方は別にして前世は誰にでもあるし、私はその人の前世を見ることができますが、最近はそれも「必要ない」という考えに変わりました。

なぜなら、その人が本質的に改善されるには昔がどうだったかを詮索《せんさく》するのではなく「今をどう生きるか」が大切だからです。

カウンセリングではその人の後ろに膨大な映像が見えます。その映像で起きている悲劇を一つひとつ解放することで、その人の状況は良くなりますが、その人が抱える問題の根は取り除けません。

それらの映像は遥か昔のこと。

今を改善することで、これまで生まれ変わるたびに摘《つ》み取れなかった問題の根を削除することができるし、もっと言えば、後悔の念ばかりが強く残ってしまった多くの前世も変わります。

前世にあなた自身に起きている問題の原因を求めることが全部ムダとは言いませんが、今をどう生きるかに真剣に取り組むことで、あなたが長い歴史の中で抱えていた問題は解消できます。

幸せのレシピ
18

今を改善することで、問題の根を削除することができる。

後悔の念ばかりが強く残ってしまった
多くの前世も変えることができる。

メソッド10

キャラを異動してみる

目線を変えてみる。

あの人の視点に変えてみる。

逆の立場で考えてみる。

一見、難しそうに思えますが、慣れると簡単です。ではどうすれば慣れるかというと、視点を異動させる行為を「ゲーム感覚」でやればいいのです。

あえて表現するなら「キャラ異動」とでも言っておきます。

普段は自分というキャラの目線で生活していますが、そのキャラを異動することで自然と視点も変わります。

叱られる子どもの気持ちを考えてみましょう。

頭ごなしに言われても、それが常識だと言われることだとしても、言われたことが頭に入る前に気持ちがシャットアウトします。「うるさい」という思いで埋め尽くされます。

ここでキャラ異動、あなたは子どもになってください。

子どもの頃、どんな気持ちでいたのか。どんなふうに言われたら素直に受け入れることができたかな、と。

上から目線で言われると、たとえ自分が悪くても頭に来ませんか？　本当にやりたいと思ったことを止められるとか、バカにしたような言い方をされて傷つきませんでしたか？

私たちの魂には「愛されたい」という欲望があります。

この思いが満たされないと、自分を上手に表現できません。それどころか自滅的な行動をとってしまいます。自分は愛されていないと誤解するからです。

望まない行動をとる自分に対して自己否定感を持ち、自尊心がなくなります。その結果、自分を愛せない自分が誕生すると同時に、人を愛せない自分も誕生します。

あなたが部下を持っているとしたら、こう考えてみてください。

「上司にどんなことを言われたら、頑張れるだろうか？」

逆にあなたが部下だとしたら、こう考えてみてください。

「部下にどんなことを言われたら、上司は喜ぶだろうか？」

キャラ異動してイメージする。

これって、とても大切です。

上司って、会社の上層部と部下に挟まれて色々な思いをしているのだろう、本人が言いたくないことも私たちに伝えなければならないのではないだろうか。

妄想で構いませんのでイメージを膨らませてみてください。

実際に妄想ではなく、現実的に上司という存在はストレスを抱えています。部下を踏み台にして出世だけを考える人もいますが、大半の上司は部下と一緒に成長したいと望んでいます。しかし彼らも普通の人ですから得手《えて》も不得手もあります。コミュニケーションが苦手な人もいますから、悩みが尽きません。

そうイメージすると、あなたが持っていたそれまでの怒りや不満が、ちょっと違うものへと変わります。**彼らも悩んでいることがわかるからです。**

私生活上のパートナーも同じです。

相手の目線に立って考える、寄り添ってみる。同情ではなく相手の「心のしくみ」に意識を向けることが大事です。

気分が悪いと、つい自分に近しい人に当たりませんか？　その人には何の落ち度もないのに気の毒ですよね。心を許している相手だと、思わず強い感情も出てしまうのです。

誰にでもあることですが、いくら親しくても相手にとって気持ちのいいものではありません。できるだけ早めに謝ることは当然ですが、同時にその人にキャラを異動して考えてみる習慣をつけてください。

幸せのレシピ
19

相手の目線に立って考える、
寄り添ってみる。

同情ではなく、
相手の「心のしくみ」に意識を向けることが大事。

メソッド 11

あれがあったからこそと考える

「どうしてあんなことになってしまったのか」

「なぜ止めなかったのだろうか」

「あの人と出会ったのはなぜなのか」


嬉しいことなら全く問題ありません。

しかしそうでない場合、「なぜ、なぜ」と自問自答するループ（連鎖）に入ってしまいます。とくに信じていた相手に裏切られる、あるいは親しい人との死別など、つらい経験をすると心に強い後悔が芽生えます。

私にも経験があります。

泣きながら、どうして、どうしてと繰り返した日々がありました。でも繰り返したところで、何も変わりません。でもある日、気づきました。

意味があるから、起きたのだと。

どんな意味なのかをすぐにわからなくても、いつかきっとわかる日が来る。そう信じることにしました。そして私が信じた通り、少し時間を置くと、それまでの出来事の意味がぽつぽつとわかり始めました。

「あれがあったからこそ」

もし口にするなら、この言葉に変えてください。

悪いことがあった後、すぐに良いことが起きるわけではありませんが、それでもこの言葉を「口ぐせ」にしてください。

いや、とても口にできないと言われることも承知の上です。大切な人を失うとか、人に言えないような経験をされた方には酷《こく》だと思います。

しかし私たちが今回の人生で与えられた命を全うするためにも、自分に愛を与えるためにも、できるだけ口にしてください。起きてしまった出来事を光に変えてください。あれがあったからこそと、その出来事を肯定してください。

その思考チェンジこそ、奇跡を発動する有力なスイッチです。あなたがそのスイッチを押すかどうか、たったそれだけのことです。

人生は出来事を肯定することで、ガラッと変わります。

幸せのレシピ
20

起きてしまった出来事を光に変える。

今回の人生で与えられた命を全うするためにも、
自分に愛を与えるためにも、その出来事を肯定する。

メソッド 12

長い歴史から生まれたと知る

自分や自分の周囲で起きた出来事に対する「意味づけ」に、私たちはいつも頭を悩ませますが、私の結論では「起きることはある程度、決められている」と言わざるを得ません。

ショックですか？

驚かれる方、戸惑う方、怒る方、疑問視する方、様々だと思います。

でもこれが私の結論です。

今回の人生で起きている様々な人との出会い、就いている仕事、繰り返す恋愛、様々な友人関係、結婚や離婚、はては誰かとの死別に至るまで、人生におけるエピソードのほとんどが、あなた自身のこれまでの「長い歴史」から生まれたものです。

私は先ほど、前世にこだわるのをやめて欲しいと言いました。その一番の理由は、時間をさかのぼってあれこれ悩んでもしかたのないことが実に多く、結局は根本解決には至らないからです。

しかし前世を否定する立場ではありません。

これまでの長い歴史の中で、まるで澱《おり》のように、深い場所に沈殿した要素がそれぞれの時代に出現し、それぞれの時代の私たちやその周囲の人々に、良くも悪くも影響を与えていることを、私は十分承知しています。

前の生、さらに前の生で出会った人々の全員に、今回の生で出会うわけではありません。しかしそれでも、あなた自身の課題を解決するために今回の生で様々な人物に出会うわけですから、そこで起きることもある程度までは決まっています。もちろん完璧なシナリオがあるわけではないので、状況は少しずつ変化します。

この事実を知ると混乱する人がいるかもしれません。

でも、大事なことですから知っておいてください。この「しくみ」を知ることで、あなた自身の生き方がガラッと変わります。

さらに重要なことがあります。

先ほど完璧なシナリオはないと言いましたが、これが私たちの住む世界の面白いとところで、あなた自身が変化すれば周囲も変化し、ひいてはこれまでの長い転生の歴史で解決できなかった問題を、クリアすることができるということです。

こういう人とこの時期に出会い、最初は仲良しだったけれどもケンカをする。そこで学ぶべきことを学べばいいのですが、単なる恨みや憎しみを抱えただけでは、またそこでの課題はノンクリア。逆に心からの感謝を学ぶことができればクリアです。

あなたが自分自身や他人を許せば、運命に大きな変化が起こり、それまでと違うレールに乗ることができます。そのレールは一段高いレベル（次元）であり、奇跡はそれをソワソワしながら待っているというわけです。

この広い地球で、私たちが生涯に出会える人の数は限られます。しかしその出会いに苦しめられるのもまた事実です。

出会った人によって自分の人生が支配されることがあるからです。

出会った内容によって、私たちは一喜一憂します。

できれば良い出会いだけをしたいのに、どうしてあんな人と出会わなければ、関わらなければならないのかと、頭を悩ませる人も多いでしょう。

でもそれが学びです。私たちは皆、学びの場所にいます。

あなたは覚えていないかもしれませんが、私たちは皆、それを選んでこの世界に降りました。つらいこと、悲しいこと、悔しいこと、そういうことを全部承知の上で、この世界で学ぶことを決めて、やって来ました。

だからこそ、そのときのあなたにとって必要な人物が次々と登場します。これからはそういう視点で周囲を観察してみてください。

幸せのレシピ 21

あなた自身が変化すれば、周囲も変化する。

これまでの長い歴史で解決できなかった問題さえクリアすることができる。

メソッド
13

相手をそのまま見る

私のところに相談に来られる人の中には「できない人」へのイライラや怒りに悩んでいる人が結構います。パートナー、子ども、あるいは部下に対するストレスです。


「どうしてすぐにやらないのか？」

「集中力が足りないのはなぜか？」

「こんな簡単なことが、なぜすぐに覚えられないのか？」


相談者は頭の中で、繰り返しぼやきます。

できない人にイラついている人の学び、それは「その人をそのまま見る」ことです。

できる、できないという競争意識を自分の中から押し出すこと。こういうタイプは往々にして自分に対しても厳しくなりがちです。

あなたが他人と自分を「常に比べる」感情を持っていると、比べる対象の人があなたの目の前にその都度、現れます。これも「現世のしくみ」です。もしあなたに他人を低く見る傾向があるのなら、あなたはその人に苦しめられます。

学びのために用意されたシナリオですから、RPG（ロール・プレイング・ゲーム）同様に何とかしてクリアするしかないのですが、クリアできない人も少なくありません。結局は怒りの感情に支配されてしまうのです。

いつもイライラしているので、当然ながら健康に良くありません。マイナスなエネルギーが全身を流れていますから、全く関係ない状況でもマイナスエネルギーが噴出されます。

ちょっと考えてみてください。

あなたにもできないこと、苦手なことがありませんか？　仕事に限りません、オールジャンルで想像してください。あなたが難しいと思っていることも、誰かにとってはできてあたりまえ。その人にとって簡単だと思っていることができないあなたは、一体どんな視線で見られるでしょうか？

「こんなの常識」

それはあなたの常識です。

色々な人がいて、この世界が成り立っています。みんながみんな、適材適所で自分に合った仕事に就ければいいのですが、残念ながら多くの人が自分の能力を発揮できる場所にいなかったりします。

そういう現実を、ほんの少しでいいので想像してください。

幸せのレシピ
22

競争意識を自分の中から押し出す。

あなたが他人と自分を「常に比べる」感情を持っていると、比べる対象の人があなたの目の前にその都度現れ、苦しめられる。

メソッド 14

相手の喜びをともに味わう

逆に周囲が自分より優れていると嫉妬する人もいます。

こういう人の学びは「自分を愛する」こと。

自分の意識が自分に向いていると他人はとくに気にならないはず。しかし誰かが出世したとか、凄い条件で結婚したとか、こんな良いことが起きたと話すのを聞くと、我慢できない負の感情が湧き上がる人も多いでしょう。

ともに喜ぶことができないのです。

まるで自分だけが取り残されたような気がするのです。自分はまだ課題を終えていないのに、自分の周囲は次々と課題を終えて自由になっているのが許せないのです。

そしてこの感情の解放こそ、私たちの人生で一番大きな課題です。

「あの人の喜びを、自分の喜びとして味わいます」

そう心で宣言してみてください。

私たちは皆、見えない「ひも（回線）」でつながっています。魂のネットワークと呼ぶ人もいれば、集合無意識とか宇宙エネルギーと呼ぶ研究者もいますが、いずれにせよ私たちの意識エネルギーは深い場所でつながっています。

誰かの成功に対して心から喜べるようになれば、あなたとその人をつなぐ回線が太くなり、次第に輝き始めます。両者が回線を共有することで別の光を生み出し、その光とつながることができる人が徐々にあなたの前に現れます。

これが「光のパワーアップ法」です。

誰かの成功を羨《うらや》んだり妬《ねた》んだりするのではなく、その成功を喜んであげてください。「おめでとう、良かったね」と。その瞬間、あなたのそばにいる奇跡はあなたに微笑《ほほえ》みかけ、知らないうちにあなたにとって何らかのいいことを起こそうとします。

ポジティブな話をすることが重要な理由も、まさに同じです。

私たちは自分が持つ回線の光り具合によって動かされます。回線は目には見えませんが、あらゆるものを引き寄せます。
誰かを非難したくなったとき、ちょっと立ち止まってください。
その相手とあなたが光の回線でつながる事実を感じ、逆に感謝してみてください。
その行為があなた自身を成長させることを、どうかお忘れなく。

幸せのレシピ 23

誰かの成功を心から喜べるようになれば、あなたとその人をつなぐ回線が太くなり、輝き始める。

その光が別の新たな光を生み出し、
その光とつながることができる人があなたの前に現れる。

メソッド 15

他人を気にし過ぎない

他人の嫌なところばかりが気になる人もいます。どうしてもそこばかりに注意が向きますので、誰に対しても不満を抱えます。約束の時間より早く来る人は「せっかち」となり、約束の時間に遅れて来る人は「だらしない」となってしまうのです。

こういう人は、自分と相手との「境界線」がない人です。その人の悪いと思われる場所を指摘することで、自分の考え方や生き方を正当化させようとするのです。他人に間違いがあればあるほど、自分に優越感を持てるからです。

でもその実態は自分に自信がなく、多大な不安を抱えています。他人のマイナスを見つけるたびに自分をホッとさせているだけです。

他人の評価や視線を気にせず未来に対して希望がある人は、他人の嫌なところが目につきません。視界（視線）は、あなた自身がつくり上げています。見る映像さえも自分が映し出しているのです。同じ絵を見てもどこに惹かれるかが全く違いますが、それと同じことが私たちの普段の生活で起きているのです。

こういう人の学びは「劣等感を他人と共鳴させない」こと。

あなたは自分の中にある劣等感を正面から見たくないから、人を貶《おとし》めることで、自分の心を自由にしようとしているのです。一時的には安心感を持ちますが、最終的には自分の心が破壊されます。

なぜなら、自分がつながる回線をパワーダウンさせるからです。

あなたから放出されている光がどんよりとしたものに変化しますから、あなたを利用しようとする人、他人の嫌なところを指摘することが大好きな人が周囲に出現します。口を開くと愚痴や噂話ばかりで、常に誰かを攻撃し、気がつくと自分を愛せなくなっています。

それとは逆に、いつも他人を心配している人もいます。

あの人は大丈夫だろうか、ちゃんと生活しているだろうか、食べているだろうか、仕事で悩んでいないだろうか、ちゃんと勉強しているだろうか、幸せにしているだろうか。

そんな感情は一見すると優しく、とても親切に感じます。しかし本当は全く必要のない感情です。

なぜなら、誰かを心配するエネルギーは「毒素」だからです。

私たちは知らないうちに「心配エネルギー」を放出しています。何を隠そう、私もかつて心配ばかりしていました。郷里の母は大丈夫だろうか、楽しく生活しているだろうか、病気になっていないだろうか。毎日、心配だらけでした。

でもある日、そのすべてがマイナスのエネルギーだという事実に気がつきました。心配するという、今にも途切れそうな「神経質なエネルギー」を送り続けていたのです。

それがわかったときは驚きました。

自分が親切だと思っていることが、相手と自分の不利益になっていたのですから。

ちなみに誰かの心配ばかりしていると、その人にもあなた自身にも、奇跡は起きません。心配という負のエネルギーが奇跡の発動をブロックし続けるからです。

あなたが自分自身を高い意識レベルへと持って行きたいと思うなら、まずは周囲を心配しないこと。逆に相手を信頼しましょう。心配という毒素を相手に送り続けることを、今すぐやめることです。

こういう人の学びは「プラスのエネルギーを送る」こと。

悪循環をつくり出しているのは自分だと知ってください。心配は新たな心配を呼びます。どこまでも良いことがありません。

幸せのレシピ 24

周囲のことを心配しない。
逆に相手を信頼する。

心配という毒素を相手に送り続けることを、
今すぐやめる。

メソッド16

押しつけない、求めない

何かと自分の意見を押しつける人がいます。
すべてにおいて自分の意見が正しいと思い、相手のためだと言って自分の価値観を相手に植えつけようとするのです。

「この業界ではあたりまえ」
「私の経験上、これが一番正しい」
「あなたには必要のない人だから」
「こうしていれば安心」

一瞬、安定感があるように聞こえますが、よく考えると、どれも独りよがりに過ぎない言葉です。そこには私たちを取り巻く環境、行動の目安とする情報が、常に変化しているという事実は考慮されていません。

こういう人の学びは「押しつけない」こと。

相手の考え方、価値観や生き方を尊重することです。

自分から人が離れていくと感じている方は、普段の言動をチェックしてください。あなたから離れる人は口にはしませんが、正直、あなたとエネルギーを交流したくないと思い離れます。疲れるし、面倒臭いし、ムカつくのです。

こうすべきという論理は親切でも何でもありません。相手の人生を支配しようとしているだけ。

人生では、それまで絶対に正しいと思っていたことが間違いになったり、あり得なかったことが起きたりします。どうでもいいと思っていた情報から大切な情報へとつながることもあります。

それが「進化」です。

人とのつながりにおいても、そのときは自分にとって必要のない人物が、時間の経過で自分にとって重要な人物へと変化することがあります。

宇宙のお導きは本当に素晴らしいと感心します。

一年後、数年後の自分にとって必要な条件を持つ人を、前もって巡り合わせてくれるからです。その時はピンと来なくても、自分の状況が変化すると、その人と出会った重要性を強く感じることになります。


あるいは「こんなにしてあげたのに」と口にする人もいます。

「こんなにしてあげたのに、あの人から何の返礼もない」「私が紹介してあげたから成功したのに、何もしてくれない」

そう口にする人は、完全に周囲が見えなくなっています。

こういう人の学びは「見返りを求めない」こと。何かをしてあげても、早めにそれを忘れてください。

さらに「恩送り」と呼ばれるエネルギー循環を知ってください。

これは恩を受けた相手に返すのではなく、もっと困っている人に何かをすることで「世の中に恩を回す」しくみです。二十四時間、世の中をグルグル回っていますから、あなた自身もどこかで誰かに助けられます。

ギブアンドテイクという狭い発想をやめて、ギブアンドギブ、与えたら忘れる、恩送りで回す、こういう姿勢が良いと思います。

ちなみに見返りを求めると、あなたが持つ「回線」のパワーアップが止まります。私たちは目には見えない法則で、人生のレベルをアップ&ダウンさせていますが、これこそが「宇宙の法則」です。

誰かが幸せになるためにあなたが何らかのパワーを使ったのなら、その同じだけのパワーが宇宙にあるメインシステムに保管されます。パワーは蓄積されますので、あなた自身が必要なときにパワーを引き出して活用することができます。いわば貯蓄です。

押しつけない、求めない。信頼感はそこから生まれます。

幸せのレシピ 25

ギブアンドギブ。与えたら忘れる。

恩を受けた相手に返すのではなく、
もっと困っている人に何かをすることで、
世の中に恩を回す。

メソッド17

その状況も演劇だと知る

会社員の方々について回る悩み。

それが「人間関係」です。

あなたがどの組織に所属しても、この関係からは逃げられません。

上司とのいさかい、同僚や先輩とのやりとり、社内交渉（ネゴシエーション）、取引先との関係。うまくやっている「ふり」をしているだけで、本当はこんな会社から一刻も早く逃げ出したいと思っているかもしれません。

どうして自分がこんな会社に居続けなければならないのだと悩んだ結果、心療内科に通ってしまう、睡眠薬や精神安定剤を服用する、そんな人も増えています。

だからと言って転職で解決できるかと言えば、意外と多くのケースで解決できません。なぜなら、あなた自身の中では何も解決しておらず、あなたはただ仕事の「場所」を変えただけに過ぎないからです。

人生とは何ですかという質問を、色々な方から受けます。

その質問への答えとして、私は「演劇ですよ」と言います。演劇をする時間（寿命）は人によって違いますが、生きている間、私たちは皆、自分の「役回り」を決め、その役に合った生活を送ります。

ここで大事なこと。

それは、役回りは自分で決めるものであり、他人が決めるものではないということです。でも大半の人は自分で役回りを決めず、周囲から「あの人はああいう人」と勝手に評価された役を、本意でないながらも演じます。

これが根本的な間違いです。

なぜなら、私たちはこの世に降りて来る前に、次回の人生のシナリオをどうするか（ここは割と大雑把《おおざっぱ》）、そのときに自分の周囲の配役をどうするか、あらかじめその大半を決めてから生まれて来るからです。

役回りは決まっているのです。

あなたが生きづらいのは、生前、あなた自身が皆と話し合って決めて来たはずの役回りをやっていないからです。

そうです。

会社で嫌な人物、取引先で嫌な人物は、あなたが「こういう人物の役回りを引き受けてくれる？」と相談して、快く引き受けてくれた仲間です。

あなたが今回の人生で解決したい課題をクリアするために、彼らは何かと嫌な状況をつくり出し、あなたがそこでどんな対応をするのか、どんな学びを得るのかを、静かに見守っています。その役に徹するよと、あなたと約束したからです。

あなたとあなたの周囲の人々は、互いの学びに必要だから集まっています。**あなたを進化させるためのトレーナーはあなたが不満を持つ人たちだと知ってください。**

ドラマ、映画、小説、演劇、それらには「物語」があります。

物語は様々な登場人物を通じて何らかのテーマを訴求します。そこには主人公の気づきや学びがあります。登場人物にはそれぞれ役回りがありますが、各人が与えられた役を演じなければ物語は破綻します。

あなたの人生はあなたが脚本を書いた壮大なドラマであり、要はその事実を、あなたが人生のどの時点で知るかということです。もし今、この本で知ったというのなら、明日から視点が徐々に変わると思います。

いつもなら我慢ならない上司の嫌味や、取引先担当者の無理難題も、損な役回りをわざわざ引き受けてくれた人たちなのだと知りましたから、思い切って「勉強になります」と言ってみましょう。あなたは確実にその課題をクリアする方向に進みます。

さて次章では、私の考える「幸運を呼ぶ口ぐせ」を紹介します。

幸せのレシピ
26

あなたの人生は
あなたが脚本を書いた壮大なドラマ。

大切なのは、その事実をあなたが人生のどの時点で
知るかということ。

第三章

人にもお金にも愛される魔法の口ぐせ

口ぐせ 1

「あなたに会えたから、今の私がいます」

誰だって自分の人生を、毎日の生活を笑顔があふれるものにしたいのが本音です。でも実際には、忙しいけど何だか寂しい、どこに向かって走っているのかわからない、そんな感情が自分の中で大きくなっていたりします。

人生そのものが寂しく感じるようであれば、誰かに何かを期待するのではなく、むしろ自分から行動することが大切です。周囲に対して不満があるのなら、あなたの中から何かを発信する必要があるのです。

「あなたに会えたから、今の私がいます」

これまで誰かに、この言葉を伝えたことがありますか？

一緒にいてくれてありがとう、そう伝えたことがありますか？　そう伝えられると、人は皆、一層強いプラスのエネルギーをあなたに放出します。

ただし、そのときに大切なのは、あなた自身が本当にそう思っているかどうかです。口先だけの打算的な思いで伝えると、逆効果を生みます。あなたの中の「真実の愛」というスイッチが入っていなければ、誰もあなたにエネルギーを与えません。

自分からこの言葉を発信するということは、相手にエネルギーを発信すると同時に、自分の存在価値を高めたことになります。

本当は会って直接伝えるほうが良いのですが、誰もが上手にできるわけじゃありません。相手がすでに他界しているケースもあるし、複雑な人間関係もあるでしょう。

だからあなた自身が心からそう祈ること。

直接、相手に伝えられない人でも、この言葉は人間関係におけるクリアリング（清掃、浄化）になります。とくに自分に嫌なことをした人や苦しみを与えた人に対して、心の中でこの言葉を使うと、苦しかった出来事のイメージがあなたの中で変化を起こし、トラウマを解放し始めます。それはまさに奇跡です。

私自身、自分を苦しめた人ほど、この言葉を送ります。

すると次第に、そのこと自体がどうでも良くなって来るのです。当時の出来事にとらわれない自分に変化しますから、そのときに自分が背負ったものを手放し始めます。最初はその言葉を唱えても心に抵抗がありますが、続けるうちに、徐々に何も感じなくなり、心からそう思える自分になっていると気がついたときには、自分の中が幸福感で一杯になっていました。

もちろん個人差があります。すぐに気持ちが切り替わる人もいるし、何度唱えても感謝の気持ちが芽生えない人もいますが、とにかく続けてください。

大事なことは「今の私」を否定しないこと。現状を否定する限り、強い運気はつかめません。今の私を心から肯定し、今の幸せを感じること。

過去も否定せず、その人がいたから、その出来事があったからと肯定する。そのためにもこの言葉を活用してください。

ちなみにこの言葉、お金に対しても有効です。入って来たら「来てくれてありがとう」、出て行くときは「会えて良かった、また来てね」と唱えます。お金は否定せず、でもお金にこだわらず。そのスタンスが心地良いと感じます。

幸せのレシピ 27

この言葉は相手にエネルギーを発信し、自分の存在価値も高める。

苦しかった出来事のイメージがあなたの中で変化を起こし、トラウマを解放し始める。

口ぐせ2

「必要な人、必要なお金、必要な状況を引き寄せます」

この言葉は毎朝、必ず唱えることをお勧めします。

無意識のレベルにまですり込むことで、あなたの人生そのものが「引き寄せ体質」になります。あなたの中にある本当の気持ちを知るためにも、この「必要な」というキーワードが大切なのです。

ほとんどすべての人が、自分のハートに「扉」を持っています。

扉の奥は誰にも見せたくない領域であり、自分自身でさえそこには触れないようにしています。タブー視しているわけです。

その扉にはカギがかかっています。私は個人セッションでそのカギを開けるために、たくさんの情報を降ろして相手の感情を解放します。

そして必ずと言っていいほど、そのカギを開けるための共通点があります。

それが「自己否定（自己否定感）」です。

自己否定感があると、本当の自分をしまい込んでしまいます。自分はダメだ、価値がないという思いが強いと、本来の自分を出さず周囲に合わせるようになります。

周囲と自分が違うと仲間に入れないという不安や、いじめに遭った経験からつくられるもの、それが自己否定感です。

家族の中でも起きます。

本来の自分でいると怒られてしまう、兄弟・姉妹と比べられてしまう、そんな環境から負の感情が芽生えます。

好きな人の前では本来の自分が出せないのに、とくに好きでもない人の前だと自分らしく楽しい会話ができてしまうこと、経験ありませんか？

これは「本当に好きな人」がわからなくなってしまった状態です。

つまり、本来の自分を解放することで好きな相手との関係が崩壊してしまうことを怖がっている状態です。あの人との会話がぎこちなくなったらどうしよう、おかしな人間だと思われたらどうしよう、口をきいてもらえなくなったらどうしよう。

頭の中はパニック寸前です。

そんなときこそ、この言葉を唱えてください。

「必要な人、必要なお金、必要な状況を引き寄せます」

私が「必要な」とつけた理由。

それはこうしたパニックが、できるだけ起きないようにするためです。

好きだと思っている相手にあなたが本当の自分を出せないのだとすれば、それはあなたが本当に好きな相手ではありません。ただ恋愛に「憧れた」状態であり、あなたにとって「必要な」相手ではないのです。

お金も状況も、それと全く同じ。

自分にとって本当に「必要な」ものが届いた瞬間、本当の自分を出すことができ、全力で楽しむことができます。

私たちの意識には、想像以上に色々な情報がすり込まれています。

その大半が自分ですり込んだものではありません。親の希望、周囲の期待感、恋人や配偶者の一方的感情、知人や友人の勝手な評価、大半が自分以外のエネルギーです。

ショックなことを言えば、私たちが何かを決めて動くときの感情は、周囲の気持ちに応えようという思いが無意識のうちに働き、それを自分の本当の気持ちであると錯覚しているケースが多いのです。

本当の自分を出せなければ、私たちがこの世界に生まれた意味がありません。ありのままに生きることができないなら、あなたの進化はありません。

だからこそ、この言葉を口ぐせにしてください。もう自分を偽ることのないように引き寄せてください。必ず効果があります。

幸せのレシピ 28

「必要な」ものが届いた瞬間、
あなたは本当の自分を出すことができ、
全力で楽しむことができる。

ありのままに生きることができないなら、
あなたの進化もない。

口ぐせ 3

「これからは自分らしく生きます」

自分に必要なものを引き寄せるときに、一緒に唱えたい言葉。
それがこれです。

「これからは自分らしく生きます」

この言葉も口ぐせにしてください。
自分らしくなると人生がどう変わるのか？　素朴な疑問を持つ人も、たくさんいると思いますので、その効果をざっと紹介します。

①ストレスがたまらなくなります

自分は自分という強い芯《しん》を持っているので、どんな人と会っても惑わされることなく、相手からどう思われているのかが気にならなくなります。人に会った後、疲れたり具合が悪くなるということがなくなります。

②どうでもいいという感覚が強くなります

昔の自分とは決別しますから、過去に起きたことに対する特別な感情がなくなります。その結果、悲しみや苦しみに引っ張られることがなくなります。そんなの「どうでもいい」のです。

③うらやましがる気持ちが消えます

自分を承認する気持ちが強くなりますので、他人がどんな成功をしようとも、それをうらやましいと妬《ねた》む気持ちが消え、逆に応援したくなります。こっちも頑張ろうとその人からプラスのエネルギーを受け取ることができるようになります。

④能力が最大限に発揮できます

長い年月をかけて与えられた自分だけの能力が出始めます。それは遺伝子レベルで受け継がれている能力、あるいはあなたが以前の生で持っていた能力であり、それらが惜しみなく使えるようになります。

⑤普通の悩みがなくなります

家族や親類縁者に対する悩み、恋人や配偶者に対する悩み、その他の人間関係に対する悩み、自分の人生に対する悩み、お金に対する悩み、そういう「日常で継続する悩み」をくよくよと考えることがなくなります。

⑥どんな場所でも幸せを感じます

誰かと自分の関係性と同じく、自分がどんな場所にいたとしても、いつも光で包まれており、自由な領域のエネルギーでいられますから、周囲に左右されることなく楽しい気分でいられます。

⑦自分に必要な人だけが周囲にいます

自由に生きるようになったあなたに対してうらやましいと思う人は、そうなれない自分に対していら立ち、あなたに敵対心を持ちます。あなたの悪口を言いふらし、次第にあなたから離れます。その結果、あなたの周囲にはあなたに必要な人が残ります。

⑧一人でいても充実した時間が持てます

自分との「戦い」がなくなりますから、必要以上の愛を求めなくなります。その結果、一人きりの状態が充実した時間へと変わり、孤独感が消えます。必要なときに必要な人と会えるし、たとえ離れていても通じ合えます。

⑨すべてがスムーズに動きます

どんなことが起きても、それを問題ととらえない力がつきます。自己否定しなくなりますから、何かが起きても「すべてはプロセス」と思えるようになり、結果としてどんな状況も好転させることができます。

幸せのレシピ
29

自分らしくなると、人生が変わる。

周囲に左右されず、孤独感が消え、
「すべてはプロセス」と思えるようになり、
どんな状況も好転させることができる。

口ぐせ 4

「気づかせてくれました」

人生で最も大切なことは学びですが、学びのすべては様々な「気づき」によって生まれます。**私たちは何かに気づくことで人生を進化させているのです。**

そこで大切なことがあります。

それはあなたに何かを「気づかせてくれた」という事実です。気づきはあなたと誰かとのコラボレーション（共同作業）なのです。

時間のあるときで結構ですからペンとノートを用意し、あなたがこれまで出会った人に対して「気づかせてくれた人」というテーマで、色々と書き出してみましょう。形式はありません。頭に浮かんだ言葉や文章を自由に書いてください。

両親や兄弟・姉妹など、家族に対して。

自分が素直に尊敬できる部分はいくつも言葉が浮かぶでしょう。その人を見習って気づかせてもらうことを、できるだけたくさん書いてください。

節約家の家族に対して「お金の大切さに気づかせてくれました」という文章が思いつくと思いますが、浪費家、または借金に苦しんだ家族に対しても同じ文章が書けます。

親切だった友人、すぐに感謝できる人はもちろんのこと、ワンマンな上司、自分に厳しかった教師、嫌味な親戚、自分をいじめた同級生、自分を傷つけた同僚、別れた恋人など、今でも思い浮かぶ「嫌な人」に対しても書いてください。

良くない思い出はスラスラと書けないでしょう。

でもそこにも気づきがあります。いじめられた相手、仲間に入れてもらえなかった経験からも、あなたは気づきを受け取っています。

「自分の中にある弱さ、孤独感に気づいた」

「他人を傷つけることがどんなにひどいかを気づかせてくれた」

「一人でいる時間の大切さがわかった」

そういう気づきがあるでしょう。

家族をかえりみなかった親に対しても、どのような気づきをもらったか、考えてみましょう。

「家庭を大切にしようと思った」

「自分の問題を自分で解決できるようになった」

「あんな親には絶対に負けないと思い、ここまでやれた」

何でも結構です。

頭に浮かんだ言葉を、そのまま書きましょう。

幸せのレシピ 30

「気づき」はあなたと誰かとのコラボレーション。

学びのすべては様々な気づきによって生まれる。

口ぐせ 5

「おかげさまで」

そして次につながるのが、この言葉です。

「おかげさまで」

今度はおかげさまという言葉を使い、その人たちにあなたからの「メッセージ」を書いてみてください。

まずは両親に対して。

父親、母親を思い浮かべ、あなたがしてもらったことを書きましょう。

生まれてきてよかったです。オムツを替えてもらいご飯を食べさせてもらいました。

学校に通えて卒業することができました。愚痴を聞いてもらいました。温もりを感じました。好きな香りがありました。親を悲しませないようにと生きる道を選ぶことができました。

次に兄弟や姉妹、あるいは身内以外の人に対して書いてください。一人ひとりとの関係性において忘れていたことが浮かび上がるでしょう。

おかげさま。

この言葉は、奇跡の主軸をなす言葉です。

奇跡はこの言葉から生まれると言っても過言ではありません。

さらにおかげさまには深い感謝が込められます。これまで関わった人を通して、あなたが何らかのメッセージを受け取ることができれば、それこそ、あなた自身が高いレベルに進化した証拠です。

素晴らしい未来へ向かう超特急の列車に乗り換えたのです。

嫌なことを思い出すと、感情が揺さぶられます。

彼らとの出会いでもらった気づきも、最初は理解できないと思います。とくに関係が悪化して会わなくなってしまった人、今まさに悪化している人に対しては、書き出すことすら嫌かもしれません。

しかしそういう相手ほど、このワークは効果があります。

どうしても「おかげさま」という言葉を適用できない人がいるとしたら、先ほどの「気づかせてくれました」という言葉を使った文章を見直しましょう。

その二つの文章を合体してください。

「おかげさまで、○○○を気づかせてくれました」となりませんか？

ぜひ試してみてください。

幸せのレシピ 31

「おかげさまで」には深い感謝が込められている。

これまであなたと関わった人を通じて
何らかのメッセージを受け取ることができれば、
それはあなた自身が高いレベルに進化した証拠。

口ぐせ 6

「ご縁に心から感謝します」

前節の文章ができたら、次はこの言葉を書いてください。

「ごめんなさい、許してください」


私たちは傷つけられる一方ではありません。

あなたが気づかないだけで、大なり小なり、どこかの誰かを傷つけています。ちょっとした言葉、態度、何らかの形で相手は傷つけられます。

あなたが傷つけてしまったと感じること、あのときは本当に悪いことをしたと思うことを、この際ですからできるだけ書いてみましょう。

「ごめんなさい、私は学校を休みたくて嘘をつきました、許してください」

「ごめんなさい、私はあなたの悪口を言いました、許してください」

ではこれらを続けてみましょう。

「おかげさまで、あなたは○○を気づかせてくれました。そしてごめんなさい、私はあなたに○○をしました（言いました）、許してください」

そして最後に、この言葉を唱えてください。


「ご縁に心から感謝します」


あなたはすでに十分な学びを受け取りました。

だからこれで良いのです。

あなたがこれまで出会った相手は、あなたに大事なことを教えるために登場しました。嫌なことがあったにせよ、そこからもあなたは気づきを受け取り、学びました。

仮にその相手と以前の生からつながりがあるにせよ、先ほどの言葉を使うことであなたの意識が変われば、その相手との関係性はなくなる方向へと動き始めます。嫌だと思ったその相手とのつながりが消えるのです。

他人を変えることはできませんが、自分を変えることはできます。

自分から発信している「恨み」や「怒り」がある限り、何らかの形で同じ苦しみがやって来ます。課題という名であなたのところに形を変えて訪れるのです。

誰かとの関係性に悩んで自ら人生を終わらせてしまう人もいますが、そんなことをしても再びこの世界に舞い戻り、ゼロから課題をやり直すだけの話。何の学びもありません。

あなた自身のためにも、そろそろ手放しましょう。そしてこれからは、あなたが本当に望むご縁だけを手に入れてください。

誰かに感謝すると、感謝された人の細胞は急速に活性化されます。プラスのエネルギーが照射されるからですが、「褒《ほ》めると伸びる」のはこのためです。同時にそのエネルギーは発信者である自分にも根づきます。

一つの感謝は二つの幸せをつくることをお忘れなく。

幸せのレシピ 32

他人を変えることはできないが、自分を変えることはできる。

「恨み」や「怒り」がある限り、
何らかの形で同じ苦しみがやって来る。
課題という名で形を変えて訪れる。

口ぐせ 7

「私にはもう必要ありません」

そしてあなたは、この言葉を使う準備が整います。

「私にはもう必要ありません」


悪いと感じていた出来事からでさえ、気づきを得ることができました。

だからといって、いつまでも同じパターンを繰り返したくありません。今以上に身も心もボロボロになります。

だからこの言葉を唱えることで、終止符を打ってください。

これまで悔しい思いをしたかもしれません。

あいつを絶対に許さないと怒ったかもしれません。でも、そろそろ時間です。あなたは次のステージに進みましょう。ワンステップずつ上がることで、あなたは楽になり、あなたのすぐそばでソワソワする奇跡と顔を見合わせて笑えます。

私のクライアントさんからも、こんな言葉をたくさん耳にしました。

「千佳さんの所で言葉のワークをしたことさえ相手に告げていないのに、突然、態度が優しくなりました。何だか信じられません」

断っておきますが、私が奇跡を起こしたのではありません。

ここに書いたような言葉のワークを通じて、**その人自身が意識を変えることができたから、奇跡を自分で引き寄せることができたのです。**

もう必要ないという言葉の次には、こんな言葉を唱えてください。

「生きているだけで完璧、すべてパーフェクトです」

あなたがどんな経験をしようと、あなたは今ここに生きています。

それだけで、パーフェクト。

なぜなら、いつでも好きなときに自分を変化させられるからです。

悩ましい日常があるのなら、その日常にはパターン（繰り返すくせ）があります。だったら、そのパターンを壊せばいい。マンネリを打破するには普段しないことをすればいいと言われるのは、パターンを壊すための下地が期待できるからです。

口ぐせ4〜口ぐせ7は、できればセットで使ってくださいね。

幸せのレシピ
33

あなた自身が意識を変えることで、奇跡を自分で引き寄せられる。

ワンステップずつ上がることであなたは楽になり、あなたのすぐそばの奇跡と顔を見合わせて笑える。

口ぐせ 8

「お守りくださり、ありがとうございます」

生かされている。

こんなに素晴らしいことはありません。

私たちが肉体をまとって誕生することは、幸せになるためのキップを手に入れるものだからです。

しかし現実は、苦しい状況に追い込まれると自分が何者かに生かされている、守られているなんて、とても思えなくなります。感謝の対象もなくなり、まるで奴隷のような毎日を過ごします。

しかし私たちは、しっかりと守られています。

あなたをつくったご先祖さまにも、この世をつくった創造主にも。気持ちをネガティブに染めないためにも、この言葉を唱えてください。

「お守りくださり、ありがとうございます」

どんなにつらくて苦しい状態でも、あなたは守られている存在だということを忘れないでください。奇跡自身も、ずっとあなたを見守っています。

「ご先祖さま、ありがとう」そう口に出してください。

あなたのご先祖さまはあなたと一体化して、本当の幸せへと導きます。あなたが感謝の言葉を口にすればするほど、奇跡を起こしてくれます。

よく「私の守護霊は誰ですか」と尋ねられます。

もちろんご先祖さまの中でも、あなたとより強いご縁のある方がいますが、それは気にする必要がありません。

ご先祖さま、ありがとうという思いを日常的に持っていれば、ご先祖さま全員があなたを守ってくれるからです。

ありがたい。

一見、何でもない言葉ですが、この言葉を言うことが習慣化すれば、あなたにはもっと「ありがたい」ことが起こるでしょう。

ありがたいが口ぐせの人は、自然と周囲に守られます。ご先祖さまだけでなく、現実の社会でも守られます。あなたの家族、勤務先の人、付き合っている恋人や友人、みんながあなたの味方になります。

この言葉ほど感謝を感じさせる言葉はないからです。

脳も同じです。

ありがたいと口にするご主人さま（あなた）が喜ぶことをしたいと脳は考えます。そして体が喜ぶことを見つけます。ここぞというときに頑張ってくれるのです。あなたが危機的な状態になったときには、すぐに守ろうとします。

宇宙もありがたいという言葉が大好きです。**あなたが感謝するほど、ギフトを与えてくれます。**

一つ気をつけなければいけないこと、それは不都合なことが起きたときにも、この言葉を言える自分でいること。

幸せなとき、嬉しいときには「神さま、ありがとう」と素直に言えますが、つらい状況に立つと「神も仏もない」と口にすることが多いもの。皆、自分の都合に合わせて気持ちを変化させます。これでは感謝は伝わりません。

宇宙という存在は、私たちが一人前になるように何らかの「課題」を持って来てくれるだけ。一見すると悪い出来事のように思えても、そのときのあなたにとっての最上の学びがそこに必ずあります。これが「宇宙のギフト」です。

どんなときでも、守っていただいている。

まずはそのことについて感謝しましょう。

幸せのレシピ 34

ご先祖さまはあなたと一体化して、本当の幸せへと導く。

あなたが感謝の言葉を口にすればするほど、奇跡を起こしてくれる。

口ぐせ 9

「素晴らしい」

友だちで、何でもかんでも「素晴らしい」と使う人がいます。慣れない人が経験すると、ちょっと違和感があるみたいですが、私は一緒にいると気持ちがいいです。この口ぐせこそ素晴らしい！

肯定される言葉を言われると嬉しくなります。

褒め言葉の出すエネルギーが周囲に良い影響を与えるだけでなく、その言葉を発する自分にとっても良いのです。脳は「素晴らしい」という言葉を聞くことで、自分は素晴らしい人間、自分の周囲も素晴らしい人間、自分が行く場所はどこでも素晴らしい場所、そして気がつくと素晴らしいことが起きる、そうプログラムされるからです。

ある種のポジティブ・コントロールですが、使わない手はありません。素晴らしいと言いたくなるようなシーンを、自分に与えてみてください。

ポジティブな言葉をかければかけるほど植物が元気に伸び、動物が生き生きとするように、自分の人生を褒めれば褒めるほど豊かになります。

「なぜ、こんな嫌なことが起きるのか」

「なぜ、こんな悲しい思いをしなければならないのか」

マイナスの言葉を口にすることは多くても、プラスの言葉を口にすることは意外と限られます。私たちはなかなかプラスとマイナスを逆転できません。

だったら次の言葉を口にしてみてください。


「心臓が動いている、素晴らしい」


これこそ神秘です。

別にいつ止まっても不思議じゃないけれども、いつも変わらず動いてくれます。あなた自身の鼓動《こどう》を感じてください。ハートに手を置き、自分は生きているのだと感じてください。

心臓は動いてあたりまえだろう、そう言われるかもしれませんが、心臓はその人の意思とは関係なく動いていることが、すでに科学で判明しています。筋肉や細胞（ペースメーカー細胞）の自律的収縮で動いているのだという機能的な説明がありますが、なぜ心臓が動くのかという根源的な問いの答えにはなりません。

だからこそ、素晴らしいのです。

朝、起きたときに言ってみてください。「生きている、素晴らしい」と。眠っているときに死んだとしても不思議じゃありません。

自分という存在に、もっと興味を持ってください。

私たちは自分のことを知っているようで、実は意外と知りません。だから自分に無理をさせるのです。自分の気持ちを聞くことで今以上に素晴らしい日々に変わります。

私は喘息で悩みましたから、東京が大嫌いでした。だからいつも東京の悪口を言っていました。でもある日、気がつきました。「東京の悪口を言っている間は、私は東京で幸せにはなれない」と。

そりゃそうです。

この世のすべては波動というエネルギーで構成されていると先述しましたが、そのしくみに照らすと、悪口はそのまま私自身に返っていました。物理学で言うところの作用・反作用です。

その日以来、私は東京の素晴らしいところを口にするようになりました。そして気がつくと、誰よりも東京が好きになり、自分が幸せなことに気がついたのです。健康さえも手に入れました。

この社会が嫌だと思っている間は、この社会で幸せにはなれません。

だからこの言葉を使ってください。

「この社会は素晴らしい」

するとあなたのいる場所が、あなたにプラスのエネルギーを与えてくれます。そのエネルギーをあなたが身にまとうことで運気を上げ、大なり小なりの奇跡が起き、それらがまた新しい運気を生み出します。そしてその運気に引っ張られる形で、あなたの大事な人たちが自らの運気を上げ始めます。

あなたがリーダーであり、あなたが人生の主役です。

それを、どうかお忘れなく。

幸せのレシピ
35

自分という存在に、もっと興味を持つ。

自分の気持ちを聞くことで、
今以上に素晴らしい日々に変わる。

第四章

ありのままのあなたで生きる

笑顔は幸せと免疫力に貢献する

笑顔は輝く宝石です。

仕事や家事で追いまくられる日々。ふと、どこかで誰かの笑顔を見た瞬間「そういえば最近、思いっ切り笑ってないなあ」と思い返すこと、ありませんか？

笑顔の数は幸せのバロメーターであり、そのバロメーターの度合いを、あなたのそばにいる奇跡はじっと見つめています。

どんな高価な宝石も笑顔には勝てません。

赤ちゃんの笑顔を見ているだけで幸せな気持ちになりませんか？　同じようにあなたの笑顔もあなたの周囲を幸せにし、あなた自身を幸せへと導きます。笑顔の輪が広がると、そこに参加した人の細胞は若返り、まるで赤ちゃんのようなぷるぷる肌になるでしょう。

実は「つくり笑顔」でさえも効果があることをご存じでしょうか？

笑顔の習慣化は、どんな栄養価の高い食べ物よりもあなたの脳を活性化し、どんなベストセラー本よりも幸せな人生のつくり方を教えてくれます。

それに、最初のうちはつくっていたはずの笑顔も、徐々に自然な笑顔に変わっていくから不思議です。簡単でお金もかからず、今すぐ始められます。

脳の活性化や免疫力向上に貢献してくれる笑顔は、筋肉をつくり、肌に潤《うるお》いを与えるスペシャルクリームです。笑いは内臓のストレスを削除してくれます。笑うという浄化装置は血液をサラサラにします。

たとえ何か問題が生じたときでも、誰かに自分の本当の気持ちを伝えるときでも、怒った顔ではなく口角《こうかく》を上げて伝えると相手の心に余裕を与えることが、科学的にも証明されています。

すでにお伝えした通り、以前の私は笑顔をつくれませんでした。

でも笑顔が増えてからは生きるのが楽になりました。自分の中で葛藤《かっとう》がなくなり、他人との摩擦《まさつ》も驚くほど消えました。

毎日の生活でも自分に必要な人だけが声をかけてくれるようになりました。これは先述したように、同じ波動を持つ者同士が引かれ合うというしくみです。すると彼らは素晴らしい情報を与えてくれます。

こんな事実を知ってしまったら、幸せのためにも笑うしかないですよね？　本書を読んでいるあなたの細胞は早く生まれ変わりたいと思い始めているはずです。

ブランド物のファッションも良いと思いますが、さらに美しく洗練された笑顔という衣装を身に着けてください。

この瞬間に生まれる細胞に最高の状況を与えてください。

あなたが幸せな成功者になりたいのであれば、あなた自身が幸せな存在として初めの一歩を踏み出す必要があります。それが笑顔です。

誰かに嫌なことを言われても、あなたが笑顔でいればその人が吐き出したエネルギーはあなたの中へと入って来ません。笑顔はかなり強いバリアです。

誰かがあなたに嫌なことを言ったとしても、それはその人の中の「問題」です。その人自身が内部で、嫉妬という名の戦争を起こしている状態ですから、あなたにはそのネガティブなエネルギーは関係ありません。

もしあなた自身が誰かに悪口を言うとか、誰かに嫉妬しているなら、早くその戦争を終わらせてください。みんな他人が良く見えてしかたがありません。いつも心の中で自分と誰かを比べ、自分は幸せだ、あるいは不幸だと感じがちですが、そんな「比較思考」の行き着く先にあるのは、どんな状況でしょうか？

難しく考えなくても、すぐに答えが出るでしょう。笑顔はあなた自身を映す鏡。あなたの戦争を終わらせる最大の武器なのです。

幸せのレシピ
36

笑顔はあなた自身を映す鏡。
あなたの戦争を終わらせる最大の武器。

あなたが幸せな成功者になりたいのなら、
あなた自身が幸せな存在として
初めの一歩を踏み出す必要がある。

それが笑顔。

相談に乗るときはキャパシティを考える

ずっと一緒にいることが愛ではありません。

もちろん相手をコントロールする、あるいは縛りつけることも愛ではありません。相手を心配することも本来の愛ではありません。何よりもあなたが自分自身を愛していなければ他の誰かを愛することはできません。

ときには一緒に泣くことも大事ですが、泣いているその人を引き上げるパワーをあなたが持つには、何よりもあなた自身が輝いていることが大切なのです。

あなたが誰かの相談に乗ることもあるでしょう。

相談に応対することであなた自身の知識や知恵が増えることはたしかです。会話は自分と相手がつくる「共同制作物」。一緒に考えることでお互いの脳が鍛えられます。

しかしそこでも慎重に線引きしないといけません。

相談に乗るのは、あくまでもあなた自身のキャパシティ（許容できる能力）内でのこと。相手にいい顔をしたくてできない約束までする人がいますが、これは絶対にダメ。決断や行動は相談者自身がしなければならないこと。あなたが責任を一緒に背負いこむ必要はないのです。その人の学びを邪魔してはいけません。

誰かとの関係で悩んでいるときに、自分の中で出た答えを相手にどう伝えたらいいのかと悩むこともあります。

こういうことに限って、なかなかズバッと言えないもの。周囲の評価、視線、他人の顔色が気になるからです。

できれば「いい人」でいたいわけですから、思っていても言えないことのほうが多いでしょう。親しい人であればあるほど言えません。

そういうときはまず、そのときの自分の気持ちをノートやパソコン上に、自由に書き出してみる。すると、それまで隠れていたことが見えます。

あなたがその人に直してほしいと思っている性格やくせは、あなた自身が持っているもの、あるいは持っていたもの、かもしれません。あなたが親からしつけられた規律や思考法が、相手に対する感情に影響することもあります。

だからまず、自由に書いてみましょう。

本音を出すのです。

するとあなた自身の本質がわかりますから、その人への伝え方も当初と比べると、かなり変化することに気づきます。あえて言わないほうが良いと判断することもあるでしょう。

人を知ることで自分を知る、人は自分の鏡。

これも愛です。

幸せのレシピ 37

決断や行動は相談者自身がしなければいけないこと。

あなたが責任を一緒に背負いこむ必要はない。
その人の学びの邪魔をしてはいけない。

解放のタイミングで起きることを恐れずに

あなたはいつも試されています。

人生はそのすべてが学びであるという事実に、そしてその事実に「いつ気づくのか」と奇跡は待ちわびています。

あなたの身の回りに起きることはすべて、学びのための「テスト」です。起きていることはすべて正しいことであり、あなたの人生で何が大切かを知らせるために起きます。だから怖がらず、しっかりと受け止めてください。

「こんなことが起きたら、どんな態度と行動をとりますか?」

見えないシナリオはその出来事を通じてあなたに語りかけます。そしてあなたが出会う人は皆、あなたがテストに合格するための支援者（サポーター）です。

私のクライアントさんも、様々なテストを受けています。

ある女性は結婚したいのに恋愛をすることさえできず、深刻に悩んでいました。どうして彼女が恋愛すらできないのかと驚くほど知的で優しい方です。

実はその方、母親との間に問題を抱えていました。

夜の仕事をしていつも酒浸《びた》りの生活で、何人もの男性を家に連れて来た母親に対する不信感が強く、結婚しても自分には幸せな家庭が築けないという思いが強かったそうです。

私がその部分を解放するカウンセリングを終え、二回目のカウンセリングを行う際に、その方は驚いた表情で私に告げました。

「私が歩いていたら、突然向こうから酔っ払った女性が歩いて来ました。フラフラしている女性を避けようとしたら、その女性が急に私を見てこう言ったんです。『何見てんのよ、こんな女、不潔だと思ってるんでしょ。あんただってこんな不潔な女から生まれたのよ』。信じられませんでした。母親とその女性の顔がダブってしまい、歩きながら涙が止まりませんでした。泣いて、泣いて、しばらくしたら、母親がつくってくれたハンバーグを思い出したんです。ふぞろいなハンバーグでしたが、あのハンバーグをもう一度食べたいって思いました。その女性が言ったように、私はあの母親から生まれました。彼女が飲んだくれてまで働いてくれたそのお金で、私は大学まで出してもらいました。そう思ったら自分の視野が広がった気がして、胸のあたりが温かくなって、もうどうでも良くなりました。そしてやっと母親の笑顔を思い出しました」

私たちは自分を解放するとき、まるで自分の中にある負の感情を引き出すために必要なことが次々と起きます。

私はそれを「人生ホメオパシー効果」と呼んでいます。

ホメオパシーは「同種療法」と呼ばれる大昔からある治療法の一種で、症状を起こすものは症状を制圧するものという位置づけです。

この女性のケースも同種の出来事が起きることで、それまでトラウマだったものが消去されたというわけです。

あなた自身が感情面で何らかの解放・解消を必要とする場合、これでもかというほど嫌なことが起きます。うんざりするほどです。

その結果、あなたの心に根づいていたネガティブな感情が出て、それまでの考え方や行動が変わります。

でも、起きることを恐れないでください。

そのしくみを理解できれば、どんな状況でも「怒る必要がない」とわかります。問題の根が実は自分の中にあると理解するからです。

今、あなたに起きている嫌なこと。それもテストだとお忘れなく。

幸せのレシピ
38

何らかの解放・解消を必要とする場合、これでもかというほど嫌なことが起きる。

どんな状況でも「怒る必要がない」とわかるはず。
問題の根が実は自分の中にあると理解するから。

仕返しの感情を解放した結果、手に入れたもの

自分を信じていないと、周囲からも信じてもらえません。

あるクライアントさんの実家は代々、由緒《ゆいしょ》ある家業を受け継いでいました。しかし自分の代になって従業員との関係がうまくいかず、ある日突然、ベテラン従業員から「お父様の時代には強い信頼関係がありましたが、どうも最近、信じてついていこうという気持ちがなくなったので辞めさせてもらいたい」と言われ、その方が辞めたことで仕事が回らなくなり、困り果てて相談に来られました。

私がカウンセリングを行うと、その方の中に「自分を信じられない」という気持ちがあることが判明しました。成績が悪い学生時代を送っていたために、親はいつも一つ上のお兄様ばかりを褒めていたそうで、自分の悪い部分しか目につかなくなっていたようです。

お兄様は出世して大企業で働いており、自分が家業を継ぐしかなかったのでしかたなく始めたと話していました。「自分を信じられない」という思いとともに、親から愛されていないという思い、さらに「自分が成功できないのは自分を責めた親のせい」という無意識にある仕返しの感情を、私は一つずつ解放しました。

そして次に来られたときに、こう語ってくれたのです。

「実は母が風邪をこじらせて肺炎になってしまい、突然入院することになりました。私はベッドに横たわる母と久しぶりに会話らしい会話をしました。そして母が急にこんなことを言ったのです。母は何度も流産をしたらしく、父と話し合った結果、子どもを養子として迎えることにしたそうです。生まれたばかりの赤ちゃんを施設からもらって来てすぐに、私を妊娠していることがわかったらしく、でもまた流産するかと思っていたところ無事に生まれて来て、本当に嬉しかったと。あまりにもかわいくてしょうがなかったから、そのことがバレないように兄と差をつけちゃいけないと思い、なるべく兄を褒めるようにしていたそうです。今まで隠していたことを謝っていました。兄には大学進学時に養子だという事実を話したそうです。そのとき兄は『本当の弟のように思っているので関係がギクシャクしないよう、弟には黙っていて欲しい』と言ったそうです」

彼は泣きながら、さらに続けました。

「それを聞き、自分が恥ずかしくなりました。兄はいつも親孝行で私に対しても優しくしてくれたのに、そんな兄にも反発する態度をとってきた自分が恥ずかしい。あんな親なんていなくてもいいなんて一時的にも思ったことが恥ずかしいです。兄は自分の親の顔すら知らないのに。でもおかげで、素直に母親に謝ることができました。今まで自分が愛されていないと思っていたことも、正直に話すことができました。二人で話しているうちに、私がどんなに愛されていたか、どんなにいろんなことをしてもらったかを思い出したんです。嫌われていると思ったことが、自分の妄想だということに気づきました。学校で成績が悪いことにイライラして、自分が嫌な態度をとっていたから家族関係が悪くなっていたということも思い出したんです。父が残してくれた仕事を全力で頑張ると母に伝えました」

彼の瞳が生き生きしているのが、手に取るようにわかりました。

後日、その方が再び訪れて、こう話してくれました。


「ちょっと不思議なことがありまして……。辞めた従業員が戻ってくれたんです。母のお見舞いに来てくれて、もう一度、今の私と仕事をしてみたいと言ってくれたそうです。昨日、彼にすべて謝りました。今までの自分の態度も、自分の考え方も。僕は自分を信じる、だから僕を信じて欲しいと彼に伝えました。千佳さん、ありがとうございました」


さてそのクライアントさんですが、新しいアイデアが当たり、以前よりもお店が大きくなったそうです。何よりも仕事が楽しく、従業員との関係が良いことが嬉しいと、笑顔で語ってくれました。

自分を信じる。

これこそ、成功への第一歩です。それを改めて実感した出来事でした。

幸せのレシピ
39

自分を信じると、
周囲からも信じてもらえる。

自分が親をはじめ多くの人から
どれだけ愛されてきたのかを知ることが大切。

ありのままの自分を取り戻すためにやるべきこと

あなた自身が進化して次のライフステージを迎えると、人間関係が変わります。

先ほど解放の話をしましたが、進化は解放されることで促進されます。だからあなたにとって良いことも悪いことも起きます。友人が突然、怒って嫌な言葉を吐くとか、社内で異動して慣れ親しんだ部署や同僚と離れるということも起きます。

あるクライアントさんは、学生時代にいじめられた経験があり、そのせいで自分に自信がなく、誰かのために役に立っていない自分は「生きる価値がない」と思っていました。

自分より他人を大切にすることが唯一の生き甲斐だと思い込んでしまったせいか、友人から頼まれると断れない性格となり、周囲の悩みごとや悪口、愚痴の聞き役という状況だったのです。

そんな中、私のカウンセリングを受けて自信のなさを解放した彼女は、まず自分自身を大切にすることを誓いました。

その後、彼女の身の回りにショッキングなことが起きます。

一番の仲良しで悩みごとや不満を聞いていた友人が、彼女の悪口や信頼して話した内容を複数の人に喋っていたことが判明したのです。

最初はとてもショックを受けていた彼女でしたが、自信のなさを解放したこともあり、思い切ってその友人との付き合いをやめました。

すると次第に、彼女に変化が起きます。

まず自分の時間を作れるようになりました。毎日、自分本位のスケジュールを組むことができるようになったのです。さらに人の悪口を聞くことがなくなりました。ポジティブな自分になるよう導かれたようだと、彼女は心から喜んでいました。

「友人が嫌なことをしてくれたおかげで大切なことに気づくことができました。自分も他人の悪口を聞いてうなずくとか、会話を楽しんでいたのかもしれません。離れなくてはいけない時期だったのでしょうね」

彼女はとても納得したと話してくれました。

私はこれからの人生に大切なことを教えてくれたその友人に、愛と光を送り、その方の幸せを願うことが、自分の人生をさらに豊かにしてくれることをお話ししました。


別のクライアントさんは苦手な同僚に悩んでいました。

すべての仕事を自分に押し付けてくるのです。その方は「NO」が言えない性格で、いつも余分に仕事をすることになり、給料は同じなのに残業ばかりしていました。

当然その方は同僚に不満を抱えていましたが、自分ができる範囲であればと、黙ってこなしてきたのです。その方の一番の問題は、厳しい親に育てられたこともあり「NO」と言えないこと。私はカウンセリングでその部分を解放しました。

その後。

ある日、彼女はその同僚から「娘が風邪で寝込んでいるから一日休まなければいけないので仕事を代わって欲しい」と頼まれます。

そんな緊急事態ならと引き受けますが、同僚が乗っていた自動車の事故で、実は彼氏と温泉旅行に行っていたことが発覚したのです。

彼女はこう語ってくれました。

「自分が嫌だと思ったら、きちんと口にすることが大切だということに気がつきました。あれ以来、私は自分の気持ちを伝えることができるようになりました。すると相手に不満がなくなり、信頼を持てるようになったのです。私は自分を被害者だと思っていましたが、千佳さんが話していたように、現実は自分が作り出したことだったんですね。そう思い、彼女に対して感謝の気持ちが湧き上がって来たら突然、人事異動があり、私は自分がやりたいと思っていた管理職になり、彼女は一番仕事が忙しい営業職になりました。不思議なことって起きるんですね」

その表情には一切の迷いがありません。

希望に満ちた笑顔で、彼女は今日も頑張っています。

幸せのレシピ
40

現実はすべて自分が作り出している。

嫌な相手にも愛と光を送り、
その幸せを願うことで自分の人生が豊かになる。

お金に対する嫌悪感を手放そう

お金に対する感情の揺れも、そろそろ消しましょう。

嫌悪感を抱くものではなく、かと言って崇拝《すうはい》するものでもなく、私たちの行動を支援してくれるもの、それがお金です。

生まれた瞬間からこの世を去るまで、私たちはお金と生活をともにします。お金はパートナーのようなものです。だから悪口を言わないでください。あなたの脳に「お金があると問題が起こる」という情報をすり込まないでください。

私は母親がお金で苦労する姿を幼い頃から見て育ちました。父親が母親にお金で迷惑をかけたことも知っています。その結果、知らず知らずのうちにお金に対する恐怖心や不安を植えつけられました。母親が私を身ごもっていた頃が家に一番お金がなかった時期であり、その不安も胎児である私に伝わっていました。

その思いを克服する方法は「お金を愛だと思うこと」でした。

お金に対する不信感はその人の前世に関係しますが、だからと言ってそれを思い出すことで、歪《ゆが》んだ感情が解放されるわけではありません。

もっと良い方法があります。

今、財布にいくら入っているかわかりませんが、まず手持ちのお金を褒めてあげてください。預金通帳にも「頑張ったね、ありがとう」と声をかけてください。感謝の気持ちを持つこと、愛ある使い方をすること。これこそお金に縛られず、愛あるお金を手に入れる最上の生き方です。

「お金に対する嫌悪感を、すべて手放します」

毎日、気がついたときに口に出してみてください。

私はお金をいい形で使うことを誓います。私の心が喜ぶために必要なお金というエネルギーが私の元へ入って来ます。お金は素晴らしいエネルギーです。私は多くのお金というエネルギーを手にすることができる価値ある存在です。私は新たな富を生み出すことができる価値ある存在です。私はお金をポジティブなエネルギーとして生み出し、ポジティブな思いでお金を使います。私は愛と光で包まれたお金を手にします。
どんな言葉でも結構です。

お金に愛を送ってあげてください。

それでも世の中には、お金を悪だと思う方がたくさんいます。
「お金なんて、なくなればいいのに」
ことあるごとに、そう口にする方もいますが、こういう方に限ってお金以外の面でも様々な問題を抱えていたりします。もしあなたが目の前でそんなネガティブなことを言われたとしても、気にしないでスルーしてください。

私たちの人生は「無限の選択肢」でわかれます。

そのときの感情、思考、行動によって、どの方向に歩くのかが決まるのです。映画や漫画ではよくパラレルワールド（並行世界）という言葉が登場しますが、実はその通りで、この世界は見えない次元の膜（レースのカーテンみたいなもの）で仕切られており、膨大な数の「私たちが住む世界とは別の世界」が存在します。そしてあなたが選んだものによって、あなたはその都度、行き先（住む世界）が変わります。

不思議ですか？　でもこれが世界のしくみです。あなたがどの世界につながるか、チャンネルを合わせる瞬間が来たのです。さて、どんな言葉を選びますか？

「私はお金に感謝しているよ。色々と助けてもらったし」

そんな答えなら、あなたはお金を嫌悪する人と別のチャンネルを選ぶことになります。それについて悪いとは思わないでください。あなたが悪いと思った瞬間、持つはずがなかった罪悪感でチャンネルがまた変わってしまうからです。

正々堂々とお金を褒めてください。お金もエネルギーですから。

どんな物質も波動によって作られていますが、お金も同様です。あなたが選んだチャンネルと合うものだけ、あなたの目の前に現れます。あなたがお金を褒めれば褒めるほど、大切に使えば使うほど、お金を引き寄せる奇跡が起きます。

幸せのレシピ
41

感謝の気持ちを持つこと。
愛ある使い方をすること。

これこそお金に縛られず、
愛あるお金を手に入れる最上の生き方。

反省と気づきは違うことを知る

私たちは何よりも行動が大切だと思い込み、イメージする時間を忘れています。イメージする時間は「怠《なま》けているムダな時間」と思われがちです。

私は毎朝毎晩、二時間でも三時間でもイメージします。その時間が大好きです。お風呂で全身が美しい光に包まれるイメージをし、優しく穏やかな場所につながるイメージをします。

お風呂でも部屋でもいいので、皆さんもぜひイメージを楽しんでください。

自分がこうなればいいなあというイメージから、優しい光に包まれて幸せなイメージまで、イメージの世界は自由で無限大です。

友だちと遊ぶ時間、テレビを観る時間、飲みに行く時間、そういう時間も大切ですが、一人になる時間も大切です。

体力が落ちている状態でもイメージを持つことはできます。

かつて私自身がそうだったように、起き上がれない状態でも美しいイメージを持ち続けると、あなたは幸せの空間へと導かれます。そしてそのイメージは、あなたに奇跡が起きる重要なステップとなります。

光の粒子があなたの体に降り注がれる場面をイメージしてください。その光はあなたの細胞の栄養です。体が若返るイメージをしてください。


「私にとって一番いい形の奇跡を起こします」


この言葉を何度も言ってください。

あなただけの「究極のレシピ」が細胞レベルで作られます。

そしてもう、むやみに反省することをやめてください。反省を続けることは「今この瞬間」を生きないことになります。

反省と気づきは違います。

反省している間に「今この瞬間」がどんどん過ぎ去ります。

その事実に気づいたのですから、次にそれを生かせばいいだけ。すべては「気づき」だと受け止め、これからの人生に生かせばいいのです。

私はこれを「未来療法」と呼んでいます。

過去をあれこれ詮索するのではなく、気づきを未来に生かすヒーリングです。反省を続けるうちは、あなた自身はずっと過去を生きることになります。「ああすれば良かった」という思いはあなたのエネルギーを下げます。そこで生み出される負のエネルギーは、失敗したと感じている過去を何度も思い出させます。

気づきを持つと、未来で起こる幸せを早く引き寄せます。「このことも幸せになるためのプロセスだった」と気づくだけで、あなたのエネルギーは上昇します。

「すべては完璧、私は心から感謝します」

最初は心からそう思えなくても、何度もそう口にしていると、まるでそのことを証明するような出来事が起きます。そしてこの言葉が自分の中から奇跡を生み出すパワーを持つ事実を知るのです。

奇跡は起きたがっています。
あなたのすぐそばで、いつもソワソワしています。
そのことに早く気づいてください。

幸せのレシピ
42

すべては「気づき」だと受け止め、
これからの人生に生かす。

美しいイメージを持ち続ければ
あなたは幸せの空間へと導かれる。
そのイメージは奇跡が起きる重要なステップになる。

おわりに

少し変わった能力を持つ私は、亡くなった方から残された家族への「メッセージ」を託《たく》されることがあります。その中にこんなメッセージがありました。

「今回の生では親子として巡り会わない予定だったの。でもお母さんの娘として生まれて嬉しかった。短い時間だったけど、一緒にいてくれてありがとう」

この母娘、実は前世で恋人同士でした。

その前世において宇宙からやって来た男性こそ、現在の母親です。男性は地球にやって来た当時、ある女性に恋をしました。そして地球に残る決心をしたのですが、自分の仲間がいないことから生涯、寂しい思いに駆《か》られました。そして地球には二度と戻らない決心をして離れるのですが、唯一、恋をした女性への思いを断ち切れませんでした。

その後、女性が今回の生において「限られた時間の人生」を送る事実を知った男性は、女性の母親となり、つらい人生をともに乗り切る決心をしました。クライアントさんのセッション中にその映像を見た私が受け取ったのが、先ほどのメッセージです。

自分に出会うことを、選んでくれた。

そこに感謝することで、当人は心から救われます。

「私は愛する人を苦しめるために生まれて、この世を去ったわけではない」

亡くなった多くの方々は、私にそう語りかけてくれます。


私たちは日々、様々な出来事に遭遇します。

どんな出来事も「人生の肥《こ》やし」です。

そうするための一番の方法は、自分が主役の人生を歩むこと。誰かの言葉や行動に一喜一憂せず、誰かの人生に振り回されず、ぶれない芯を持つことです。

仕事で失敗したとしても、失恋したとしても、何かに怒りを持ったとしても、落ち込むとか泣きはらすというのは、その日一日だけにしましょう。翌日には、良い経験になったと切り替える力をつけてください。

思い出してください。

私たちは皆、選んでこの世界に誕生したという事実を。あなたの失敗も失恋も怒りも、すべてはあなた自身の貴重な学びのため。あなたが学べば学ぶほどあなたは進化します。それを思い出してください。

落ち込むとか怒りを持ったら、相手ではなく自分を見つめてください。

一人きりのイメージ・タイムを大事にしてください。お酒、ギャンブル、あるいは好きでもない人と会うなど、まるで自傷するかのような行動で、せっかく浮き上がった「あなたの問題を解放するチャンス」の邪魔をしないでください。

イメージ・タイムにもコツがあります。

それはまるで「分身の術」です。もう一人の自分が、その問題に感情を揺さぶられているあなた自身を観察するのです。

あなたが悩んでいる問題の場面をイメージしてください。

仕事の失敗であなたは上司から罵倒《ばとう》されました。いくら仕事だからとは言え、頭にきますね。プライドが傷つくでしょう。だからやり場のないその感情を処理するために、愚痴り合える仲間とお酒を飲みながら悪口を言いますか？　それとも恋人や配偶者に愚痴をぶつけますか？　あるいは一人で怒り狂い、上司から罵倒されたシーンを何度も思い出しますか？

その時点で、この出来事は悪いことで終わります。自分を解放するためのカギをゴミ箱に捨ててしまうようなものです。

罵倒された自分を冷静に見ると、何かを感じるはずです。

そう言えば、親からいつも怒鳴られていた、学校でもよく先生から叱られた、友人からも注意されていた。そこにいるのは、上手に自分を表現できないあなたであり、説明してもわかってもらえないと思い込んでいるあなたであり、いつも自信がないあなたです。

決められない、伝えられない自分。

あなたはついに発見しました。いつも優柔不断で、自分の意見を言わずに他人の顔色をうかがい、仕事にもプライベートにも自信がない。どんなときも踏み切る気持ちがなく、いつも中途半端で終わっていました。

自分に自信がない？

バカなことを言わないでください。あなたはこちらの世界に来る前に、自信満々で今回の人生のシナリオを皆に語り聞かせました。皆、静かに感動しながら聞いていたはずです。あなたがこちらの世界での時間を終えて、自分たちのところに戻って来るのを、皆ソワソワして待っています。

自信なんて、最初からたっぷりあるのです。

世俗にまみれて、いつしか忘れてしまっただけのこと。何度も言いますが、あなたの人生はあなたが主役です。あなたの周囲にいる人は、あなたが人生で様々なことを学べるようにサポートをしてくれる仲間。それを忘れないでください。

罵倒された理由が納得できるなら、それを学びとして頑張りましょう。納得できないなら上司に「なぜそこまで言われるのか」と問いましょう。上司も人間ですから認識上の間違いがあるかもしれません。言い方がきついと感じたら、それも素直に言いましょう。それでもさらに罵倒されたなら、そんな会社はさっさと辞めればいいのです。

精神を破壊されるまで働く義務は、どんな人間にもありません。

ちなみにあなたが伝えるときに重要なこと。

それは「力《りき》まない」ことです。怒らず、感情を高ぶらせず、大きく深呼吸をしてリラックスした状態で相手に伝えてください。

本編でも言いましたが、私たちはそのとき、その瞬間に選択する言葉で、つながる世界が変わります。言葉のエネルギーは人生に大きな影響を与えます。

あなたの友人が、誰かの悪口を言い始めたとします。そのとき、あなたがどんな言葉を使うかによって、あなたの人生そのものが揺さぶられます。

これまでは友人と一緒になって悪口に加担していたとしても、それを思い切ってやめてみてください。

「ポジティブな言葉だけを口にすると決めた。この本にそう書いてあり、幸せになるために私も実行する」

そう言って、本書を友人に見せてあげてください。その行動はあなたがその友人に幸せの橋をかけたことになります。

友人が嫌な顔をする、あるいは心の中で「何だこいつ」と思ったとすれば、あなたはその瞬間、その友人とのつながりが消え始め、住む世界が変わります。当然ながら友人はあなたから離れ、あなたの悪口をどこかで言うかもしれません。

しかしこれは、あなたにとって好都合です。

自分に本当に必要な人なのか、そうでないのかが、はっきりするからです。

もっと自分を信頼してください。

私なんかという言葉、口にしていませんか？　誰かがあなたを褒めても、プラスのエネルギーを帳消しにするような否定語は、口にしないでください。「お世辞《せじ》」も実は悪くありません。つくり笑顔も悪くないと本編で言いましたが、同じように「お世辞《せじ》」も実は悪くありません。明らかなお世辞だとわかっても、あなた自身が「ありがとうございます、嬉しいです」と笑顔で受け取ればいいのです。するとあなたの中のエネルギーが動き出し、必ず良いことが続きます。それほどプラスの言葉にはエネルギーが宿っているのです。

そしてこの言葉を口にしてください。

「その言葉を励みにして、もっと成長します」

あなたは高いエネルギーを受け取る環境づくりに集中してください。それにはまず、自分を信じること。これがスタートラインです。

あなたが自分を信じることができれば、あなたの周囲が変化します。家族、恋人、友人・知人、同僚、様々な場での人間関係の変化は、あなたが進化し始めた証拠です。本当に必要な人を除き、それ以外はあなたの次のシナリオには登場しません。あなたの物語には、もう必要ないのです。

＊＊＊

デビュー作に続き、今回の著書もマガジンハウスの皆様にお世話になりました。ここで御礼を申し上げます。普段お世話になっている大勢の方々にも、この場を借りて感謝を申し上げます。ありがとうございます。

皆さん、進化を楽しんでください。

奇跡を起こしてください。何よりもあなた自身の人生を心から楽しんでください。私自身も引き続き、存分に楽しみたいと思います。

平成二十七年二月吉日

時任千佳

時任千佳（ときとう・ちか）

1966年、福岡県生まれ。ライフ・カウンセラー。幼い頃から不思議な体験を繰り返す。モデル・女優として活躍後、俳優の時任三郎氏と出会い、結婚。芸能界を引退し、三人の子どもの母となる。2014年、初の単行本となる『いいことしか起きない30のルール』（マガジンハウス）を上梓。現在は個人セッションのほか、ヨガの講演会など様々な活動を行っている。

奇跡は起きたがっている！

あなたの幸せのつくりかた42

2015年2月19日　第1刷発行

著者	時任千佳
発行者	石﨑 孟
発行所	株式会社マガジンハウス
	〒104-8003　東京都中央区銀座3-13-10
	受注センター　☎049-275-1811
	書籍編集部　☎03-3545-7030
装丁・本文デザイン	轡田昭彦＋坪井朋子
出版プロデュース	平田静子（ヒラタワークス株式会社）
編集協力	瀬知洋司
印刷・製本	株式会社リーブルテック

ISBN978-4-8387-2729-2 C0095